丛书中文版序

"去梦想不可能的梦想……"

什么是神?传说,出生于古希腊凯奥斯岛(Ceos)的诗人西摩尼德斯(Simonides),曾在公元前6世纪受命回答过这个问题。据说,一开始,他认为这个问题很好回答,可思考越久,他越觉得难以回答。若当初果真有人问过他这个问题,我也不相信他曾经给出了令人满意的答案。当然,这个传说很可能是后人杜撰的。但是,关于西摩尼德斯及其探求规定神性构成要素的传说,可追溯至古代,表明关于定义"神-性"有多难甚或不可能,古人早就心知肚明。

本丛书试图处理的正是西摩尼德斯面对的问题。丛书采取的视角不是作为宽泛概念的"神"或"神性",而是专注于作为个体的神圣形象:对于这些神祇和其他存在者,丛书将其置于"诸神"和"英雄"的总体名目之下。

丛书始于一个梦——这个梦符合一位对难以捉摸的超自然

存在者感兴趣的人。做这个梦的人,就是劳特里奇出版社前编辑凯瑟琳(Catherine Bousfield),她在2000年前后的一个夜里做了这个梦。凯瑟琳梦见她正在看一套丛书,每本书的研究主题是一位"奥林波斯"神,作者是研究这位神祇的专家。醒来后她确信,世上一定已经有了这样一套丛书——她肯定在哪里见过这些书,或在某家书店的橱窗里,或在某家出版社的书单上。但在查询书单和询问同事后,她才逐渐意识到,这套丛书并不存在,而只存在于她的梦中。

当凯瑟琳与其他人,包括主编理查德(Richard Stoneman)分享她的梦时,得到的回应都一样:这套书应该已经有了。理查德和凯瑟琳朝着实现这个梦前进了一步,他们问我是否有兴趣主编这样一套丛书。我"毫不迟疑"地接受了邀请,因为当时我正在研究一位特殊的古代神祇雅典娜,以其作为探索古代文化、社会、宗教和历史的工具。我欣然承担了此项任务,并开始为拟定的书目联络资深作者。我的邀请得到的回复都是满满的热情和"我愿意(yesses)",他们都表示有兴趣撰写某一本书,然而——尽管所有人都确信这套丛书是"好事",可将诸神和英雄作为独特对象来研究的做法,在学术界到底已经过时了。

当时学者的兴趣,大多在于古人在宗教事务上的作为——譬如,他们举行仪式时,以及在献祭活动中的做法——对这种崇拜的接受者，他们都没有多大兴趣。在为更"普通的"读者撰写的文学作品中，情况则全然不同，有些极好的"畅销书"和"咖啡桌边书"，展现了个别神祇与众不同的特点。我主编这套书的目的，就是要将处在学术边缘的诸神引入中心。

诸神在学者中失宠有一个原因，就是认为独特实体不是学术研究的可行主题，因为——尽管"畅销的"文学作品可以传达此主题——毕竟世上没有一样事物就是某一位神或英雄的某种"曾经之所是"。无本质要素，无连贯文献，无一致性格。相反，在艺术家和著作家笔下，任何一位神都呈现出千姿百态。每个群体都以截然不同的方式构想诸神，连每个家庭也是如此。的确，每个人都能与一位特殊的神建立属己的联系，并按照其特殊生活经验来塑造他。

在更早期阶段，学术界以一个假设作为出发点：每个神都具有其自己的本质和历史——对他们的宗教崇拜，的确千变万化、捉摸不定，尽管古代的多神教并不就是真正的多神教，在任何意义上也不存在多不胜数的神祇。古代宗教好像是由一组一神教构成的——这些一神教平行而不以任何有意义的方式相互重叠，就像对于古希腊人而言，有一个"宙斯宗教"，有一个"雅典娜宗教"，有一个"阿芙洛狄忒宗教"，如此等等；地中海和古代近东的其他文明中的宗教也是如此。譬如，对于罗马人而言，可以有一个"朱诺宗教"，也有一个"马尔斯宗教"，如此等等；在苏美尔人（Sumerians）当中，有一个"伊南娜宗教（Inanna religion）"，有一个"恩基宗教（Enki religion）"，有一个"马耳杜克宗教（Marduk religion）"，如此等等。

这套丛书并不试图回到这种过于单一地理解古代诸神的方式。这种观点出自一种一神教，这是犹太–基督教看待古代宗教的方式。相反，这套丛书试图迎接挑战，探究一种宗教观念模式，其中的诸神内在于世界，诸神可以无处不在处处在，而且往往不可见，有时候也会现出真容。

丛书传达了如何描述诸神才对人类有益的方式，他们描述诸神的典型方式就是将其描述得像人类一样——拟人化，具有人类的形象和行为方式。或者，如丛书所记录的那样，人们也会以非人类的动物形象或自然现象来设想诸神。譬如，阿芙洛狄忒，她常被描绘为伪装成一个女人，有理想的体形，带有一种特别令人渴望的女性美，但也以石头的形象受到崇拜；或如雅典娜，她能够显现为一个披甲的女人，或显现为一只猫头鹰，或显现在橄榄树闪烁的微光中，或显现出一道犀利的凝视，作为 glaukopis［格劳考皮斯］：意为"眼神犀利的"，或"眼神闪耀的"，或"灰眼的"，或"蓝绿眼的"，或"猫头鹰眼的"，或就是"橄榄色眼的"。可能的译法之广泛本身就表明，有不同方式来传达古代表现任何神圣事物的某种特点。

Medea

美狄亚

Emma Griffiths

[英] 艾玛·格里菲斯 著 张云鹤 译

西北大学出版社
·西安·

项目支持

重庆市研究生教改重大项目
"双一流"背景下"古典语文学"课程体系建设与实践：
以重庆大学为例（yjg181001）

重庆大学"双一流"学科重点建设项目
"外国语言文学一级学科水平提升计划"

总之，诸神能够无处不在，也被认为变化多端，但也仍然能够清晰地被描述。丛书的另一个目标，就是要把他们当成截然不同的实体来把握，而且任何对显而易见的连贯性的观察，都需要以违背分类一致原则的宗教实体为背景。这也正是他们何以是诸神的原因：这些存在者能够具有表象，也能够活动在人类的世界中，但他们却是具有力量和魔力的实体，他们能显现，也能消失不见。

尽管现代西方人将诸神——或上帝——理解为超验全知和道德正直，他们也常常为诸神故事中所记述的行为震惊：他们会背叛其他神，会虐待其他神，也会表现出妒忌，甚或有杀婴和弑亲这样的恐怖行为。

古代诸神只是看似为现代西方人所熟悉。由于基督教扎根之后所发生的事情，古代诸神不再受到崇拜。在全然不同的宗教观念模式下，那些形象能够安插进基督教化了的德行观念之中，继续发挥重要作用。

与此同时，他们不再被视为真实的存在者，这些形象中很多变成了文化作品的主流——譬如，在艺术中，在"高级"和"低级"文学作品中，还有在音乐中，从古典音乐伟大时代的歌剧，到摇滚乐队"安提戈涅放飞（Antigone Rising）"，再到流行艺术家嘎嘎小姐（Lady Gaga）以维纳斯的形象出场；几年前，还有一位流行歌星米诺（Kylie Minogue），扮作维纳斯的希腊对应者阿芙洛狄忒。或者，从美国（嘎嘎）或澳大利亚（米诺）的西方流行音乐，到韩国流行音乐（K-pop），也都是如此：2019年，韩国"防弹少年团（Korean boy band BTS）"成员，各自戴着某个古代神祇的面具（金硕珍扮成了雅典娜，闵玧其扮成了赫菲斯托斯，郑号锡扮成了宙斯。接下来，金南俊是狄奥尼索斯，金泰亨是阿波罗，朴智旻是阿耳忒弥斯——最后——田柾国扮成了波塞冬）。

与此同时，对于一代年轻人来说，赖尔登（Rick Riordan）的佩西·杰克逊小说系列（Percy Jackson novels），创造了一个希腊诸神曾经存在过的世界，他们以伪装和被遗忘的方式活过了数世纪。

诸神和英雄仍然是现代的组成部分，西方文化受益于数世纪的古典传统，现代人能够感觉到与他们熟稔。丛书的另一目标是记录这些世纪的复制和挪用——正是这个过程，使古代的阿芙洛狄忒们、维纳斯们等，被误认为堪比曾生活在凡人中间的存在者——甚至连佩西·杰克逊小说系列，也依赖于一种理解：每个神都是一个连贯的实体。

丛书中文版的新读者，也许恰恰能以从前的读者所不具备的方式来理解丛书中的诸神和英雄。新读者也许更能理解一个诸神内在于其中的世界——在这个世界中，对于古希腊哲人泰勒斯（Thales）而言，诸神"内在于万物"。古代诸神——尽管对于现代西方人如此不寻常——能够进入每个人的梦。可以认为他们寓居于自然之境,或寓居于他们自己的雕像中,或居住在他们自己的神殿中。可以视其为人类的祖先,甚或视其为获得了神性的人类。

古代地中海和近东的诸神与中国诸神的亲缘关系,更甚于其与当代西方人的关系,当代西方人虽然继续在刻画他们,却不认为他们是这个世界所固有的诸神。

中国诸神,与希腊、罗马、巴比伦等文明中的诸神一样,数量众多;他们的确可谓不计其数。中国诸神与古典古代的众神相像,却与后来犹太-基督教西方的一神教体系不同,中国诸神可以是男神或女神。每个神,都像古代西方人的诸神那样,活动在很多领域之中。譬如,丛书中文版的读者所理解的赫耳墨斯,可能就像中国的牛头(Ox-head)和马面(Horse-Face),他是护送刚死的人到哈得斯神领地的神;作为下界的统治者,哈得斯——丛书未来规划中一本书的主题——堪比中国神话中的阎王(Yanwang);赫拉作为天界至高无上的女性统治者,其地位可以联系天后斗姆(Doumu)来理解。万神殿中的诸神,也是人类的祖宗。希腊神宙斯,尤其可以当"诸神和人类的父亲"来设想。其他诸神——如赫拉克勒斯(Herakles / Ἡρακλῆς),这位声名卓著的神——也可能从前就是人类。

我很荣幸能给大家介绍一系列古代形象——女性的、男性的、跨性别的、善良的、恐怖的——这些形象无一例外耐人寻味，扎根于崇拜他们、讲述他们故事的人民的文化中。

丛书中的每一本书，开篇都首先提出值得以一本书的篇幅来研究这个对象的原因。这个"为什么"章节之后的部分是全书的核心，探究古代刻画和崇拜这个对象的"关键主题"。丛书最后一章总结每个研究对象在后古典时代的"效应（afterlife）"，有时候篇幅相对较短，如在《伊诗塔》（*Ishtar*）中；有时候则篇幅较长，尤其在《赫拉克勒斯》中，这是因为古代以降对研究对象的描述十分宽广。每本书带有注解的"参考文献"，为读者指引深入研究的学术领域。

一言以蔽之，欢迎中国读者阅读"古代世界的诸神与英雄"丛书——欢迎你们来到一个由著作构成的万神殿。这些著作的主题是非凡而又多面的存在者，每位作者所要表现的就是他们的独特之处。此外，每位作者又都是其主题研究领域的专家，正如凯瑟琳所梦想的那样。

苏珊·迪西（Susan Deacy）
于伦敦
2023 年 1 月
（黄瑞成 译）

目 录

丛书前言：为什么要研究古代世界的诸神与英雄　　　　　　　*001*
致谢　　　　　　　　　　　　　　　　　　　　　　　　　*008*
插图目录　　　　　　　　　　　　　　　　　　　　　　　*009*

为什么是美狄亚？　　　　　　　　　　　　　　　　　　*001*

　　一、介绍美狄亚　　　　　　　　　　　　　　　　　*003*
　　　　神话的普遍性　　　　　　　　　　　　　　　　　*005*
　　　　神话的层次　　　　　　　　　　　　　　　　　　*008*
　　　　神话传记　　　　　　　　　　　　　　　　　　　*009*
　　　　谱系表　　　　　　　　　　　　　　　　　　　　*013*

　　二、神话及其出处　　　　　　　　　　　　　　　　*016*
　　　　神话传播：口传与文学　　　　　　　　　　　　　*019*
　　　　古风文学　　　　　　　　　　　　　　　　　　　*020*
　　　　品达　　　　　　　　　　　　　　　　　　　　　*025*

前 5 世纪悲剧　　　　　　　　　　　　　026

　　希腊化时代　　　　　　　　　　　　　029

　　罗马的诠释　　　　　　　　　　　　　030

　　文学概述　　　　　　　　　　　　　　032

　　视觉艺术　　　　　　　　　　　　　　033

　　小结　　　　　　　　　　　　　　　　037

关键主题　　　　　　　　　　　　　　　　039

三、起源、民间故事与结构主义　　　　　041

　　起源　　　　　　　　　　　　　　　　041

　　吸收与置换　　　　　　　　　　　　　045

　　民间故事　　　　　　　　　　　　　　047

　　"帮手少女"　　　　　　　　　　　　　049

　　民间故事、神话和"老妇谈"　　　　　　052

　　结构主义　　　　　　　　　　　　　　053

　　列维-斯特劳斯　　　　　　　　　　　055

　　小结　　　　　　　　　　　　　　　　057

四、巫术、儿童与神性　　　　　　　　　059

　　巫术　　　　　　　　　　　　　　　　059

　　药与歌　　　　　　　　　　　　　　　060

　　神圣魔法　　　　　　　　　　　　　　063

　　返老还童　　　　　　　　　　　　　　065

多面"女巫"	067
儿童	069
弑童与社会	070
社会结构与生殖	071
美狄亚与赫拉克勒斯	072
弑童之魔	075
神性与仪式	076
美狄亚与诸神	077
美狄亚与赫卡忒	078
仪式	081
小结	083

五、种族、性别与哲学   085

种族	086
性别	088
表演者的说辞	091
女性主义解读	093
哲学考察	098
小结	101

六、欧里庇得斯的神话版本   102

悲剧中的美狄亚	102
欧里庇得斯的《美狄亚》	103
小结	120

七、关于神话的"神话":从希腊到罗马　　　　122
　　视觉传统　　　　123
　　阿波罗尼奥斯·罗迪奥斯　　　　125
　　美狄亚在罗马　　　　129
　　奥维德　　　　132
　　《女杰书简》中的美狄亚　　　　132
　　《变形记》中的美狄亚　　　　135
　　美狄亚的变形　　　　138
　　塞涅卡　　　　139
　　瓦莱里乌斯·弗拉库斯　　　　141
　　小结　　　　143

希腊罗马之后　　　　145

八、美狄亚效应　　　　147
　　基督教世界中的异教神话　　　　147
　　巫术与魔法　　　　149
　　社会与政治　　　　152
　　弑婴——"现代美狄亚"　　　　155
　　小结　　　　157

九、20世纪和21世纪的美狄亚　　　　158
　　政治剧　　　　159
　　个人剧　　　　161

电影	*163*
修正式解读	*165*
学术的持续关注	*166*
小结：时间与地点	*168*

拓展阅读 *171*
参考文献 *191*
索引 *210*

附录：古代世界的诸神与英雄译名表 *233*
跋"古代世界的诸神与英雄" *248*

丛书前言:为什么要研究古代世界的诸神与英雄[*]

正当的做法,

对于开启任何严肃谈话和任务的人而言,

就是以诸神为起点。

——德摩斯泰尼《书简》(Demosthenes, *Epistula*, 1.1)

古代世界的诸神和英雄是很多现代文化形态的构成部分,例如,成为诗人、小说家、艺术家、作曲家和设计师创作的灵感源泉。与此同时,古希腊悲剧的持久感染力保证了人们对其主人公的熟稔,甚至连管理"界"也用古代诸神作为不同管理风格的代表。譬如,宙斯(Zeus)与"俱乐部(club)"文化,阿波罗(Apollo)与"角色(role)"文化:参见汉迪(C. Handy)《管

---

[*] 2005年6月,英文版主编苏珊(Susan Deacy)教授撰写了《丛书前言:为何要研究诸神与英雄?》。2017年1月,她修订了"丛书前言",并保留原题名。2021年11月,她再次修订"丛书前言",并删去题名。中文版采用最新修订的"丛书前言"并保留题名,酌加定语"古代世界的",以示醒目。——中文版编者按

理之神：他们是谁，他们如何发挥作用，他们为什么失败》(*The Gods of Management: Who they are, how they work and why they fail*, London, 1978)。

这套丛书的关注点在于：这些古代世界的诸神和英雄如何又为何能够具有持久感染力。但还有另一个目的，那就是探究他们的奇特之处：相对于今人的奇特之处，以及古人感知和经验神圣事物的奇特之处。对主题的熟稔也有风险，会模糊其现代与古代意义和目的之重大区分。除某些例外，今人不再崇拜他们，但对于古人而言，他们是作为万神殿的一个构成部分而受到崇拜的，这简直是一个由成百上千种神力构成的万神殿：从主神到英雄，再到尽管具有重叠形象的（总是希望重叠！）精灵和仙女——每位主神都按照其专有装束受到崇拜，英雄有时会被当成与本地社群有关的已故个体。景观中布满了圣所，山川树木也被认为有神明居于其间。研究这些事物、力量、实体或角色——为其找到正确术语本身就是学术挑战的一部分——这涉及找到策略来理解一个世界，其中的任何事物都有可能是神。用古希腊哲人泰勒斯（Thales）的话说，亦如亚里士多德所引述的那样，这个世界"充满了诸神"（《论灵魂》[*On the Soul*, 411 a8]）。

为了把握这个世界，有帮助的做法可能就是试着抛开关于神圣之物的现代偏见，后者主要是由基督教关于一位超验、全能、道德正直的上帝的观念所塑造的。古人的崇拜对象数不胜数，他们的外貌、行为和遭遇与人类无异，只是不会受人类处境束缚，也不局限于人类的形象。他们远非全能，各自能力有限：连宙斯，这位古希腊众神中至高无上的主权者，也可能要与他的两个兄弟波塞冬（Poseidon）和哈得斯（Hades）分治世界。此外，古代多神教向不断重新解释保持开放，所以，要寻求具有统一本质的形象，很可能会徒劳无功，尽管这也是人们惯常的做法。通常着手解说众神的做法是列举主神及其突出职能：赫菲斯托斯/福尔肯（Hephaistos/Vulcan），手工艺；阿芙洛狄忒/维纳斯（Aphrodite/Venus），爱；阿耳忒弥斯/狄安娜（Artemis/Diana），狩猎；如此等等。但很少有神的职能如此单一。譬如，阿芙洛狄忒，她远不止是爱神，尽管此项功能至为关键。譬如，这位女神也是 hetaira（"交际花"）和 porne（"娼妓"），但还有其他绰号和别名表明，她还伪装成共同体的保护神（pandemos："保护全体公民"），也是航海业的保护神（euploia［欧普劳娅］，pontia［庞提娅］，limenia［丽美尼娅］）①。

　　正是有鉴于这种多样性，本丛书各卷书不包括每位神或英

---

① 在希腊语中，euploia 意为"安全航海女神"，pontia 意为"海中女神"，limenia 意为"海港女神"。——译注

雄的生平传记——虽然曾有此打算，而是探究其在古代多神教复杂综合体中的多重面相。如此规划进路，部分是为了回应下述关于古代神圣实体的学术研究的种种进展。

在韦尔南（Jean-Pierre Vernant）和其他学者建立的"巴黎学派（Paris School）"影响下，20世纪下半期，出现了由专门研究诸神和英雄，向探究其作为部分的神圣体制的转变。这种转变受一种信念推动：若单独研究诸神，就不可能公正对待古代宗教的机制；与此相反，众神开始被设想为一个合乎逻辑的关联网络，各种神力在其中以系统方式彼此对立。譬如，在韦尔南（J.-P. Vernant）的一项经典研究中，希腊的空间概念通过赫斯提亚（Hestia，灶神——固定空间）与赫耳墨斯（Hermes，信使和旅者之神——移动空间）的对立而神圣化：韦尔南《希腊人的神话与思想》（*Myth and Thought Among the Greeks*, *London*, 1983, 127—175）。但诸神作为分离的实体也并未遭忽视，韦尔南的研究堪为典范，还有他经常合作的伙伴德蒂安（Marcel Detienne），后者专研阿耳忒弥斯、狄奥尼索斯和阿波罗：譬如，德蒂安的《阿波罗，手中的刀：研究希腊多神教的实验进路》（*Apollon, le couteau en main: une approche expérimentale du polythéisme grec*, Paris, 1998）。"古代世界的诸神与英雄"丛书首批图书自2005年出版以来，在上文概括的研究立场之间开辟出了一个中间地带。虽然研究进路是以唯一又有所变化的个体为主题,作者们对诸神和英雄的关注,却是将其作为内在于一个宗教网络中的力量来看待的。

本丛书起初各卷中的"世界",主要倾向于"古典"世界,尤其是古希腊的"古典"世界。然而,"古代世界",更确切地说"古代诸世界",已然扩展了,这是随着以伊诗塔(Ishtar)和吉尔伽美什(Gilgamesh)为主题的各卷出版,还有期待中以摩西(Moses)和耶稣(Jesus)为主题——以及古希腊的安提戈涅(Antigone)和赫斯提亚(Hestia)主题、古罗马狄安娜(Diana)主题的书目。

丛书每卷书都有三大部分,对其研究的主题对象作出了具权威性、易于理解和令人耳目一新的解说。"引子"部分提出关于这个神或英雄要研究什么,值得特别关注。接着是本卷书的核心部分,介绍"关键主题"和观念,在不同程度上包括神话、崇拜、可能起源和在文学与艺术中的表现。本丛书启动以来,后古典时代的接受日益进入古典研究和教育的主流。这一接受上的"革命"让我确信,每卷书包括一个放在最后的第三部分,用来探究每个主题的"效应(afterlives)",极为重要。这样的"效应"部分有可能相对较短——譬如,《伊诗塔》一卷中的"后续效应(Afterwards)"一节——或较长,譬如,在《赫拉克勒斯》

（*Herakles*）中。各卷书都包括关于某个神或英雄的插图，并在合适的位置插入时序图、家谱和地图。还有一个带有注释的"参考文献"，指引读者作更进一步的学术研究。

关于术语，需要进一步作出说明。"诸神与英雄（gods and heroes）"：丛书题名采用了这些阳性术语——尽管如希腊词 theos（"god"）也能用于女神，如此选择一定程度上也反映了古代的用法。至于"英雄（hero）"，随着 MeToo 运动兴起，如今已成为一个性别中立的术语。关于纪元：我总是建议作者最好选择 BC/AD 而非 BCE/CE，但并不强求如此。关于拼写：本丛书中古希腊专名采用古希腊语拼写法，广为接受的拉丁语拼写法除外。

如我在 2017 年第二次修订这个"前言"时说过的那样，我要再次感谢凯瑟琳（Catherine Bousfield），她担任编辑助理直到 2004 年，正是她梦（取其字面意思……）到了一套关于主要的古代诸神和英雄的丛书，时间是 21 世纪初期的一个夜晚。她的积极主动和远见卓识，助力丛书直至接近发行。劳特里奇出版社的前古典学出版人理查德（Richard Stoneman），在丛书委托和与作者合作的早期阶段，自始至终提供支持和专家意见。我很荣幸能与继任编辑吉朋斯（Matthew Gibbons）在丛书早期阶段共事。艾米（Amy Davis-Poynter）和利奇（Lizzi Risch）

是我近年极好的同事。当我为2022年以后的丛书修订"前言"时，我要感谢利奇的继任者玛西亚（Marcia Adams）。我也要感谢丛书的诸位作者，正是他们帮助建构了理解每个神或英雄的方式，同时为促进关于古代宗教、文化和世界的学术研究作出了贡献。

苏珊·迪西（Susan Deacy）

伦敦罗汉普顿大学（Roehampton University, London）

2021年11月

（黄瑞成 译）

致　谢

感谢以下机构授权本书插图：图 1 由大英博物馆理事会提供版权；图 3 由克里夫兰艺术博物馆提供版权；图 4 由布里奇曼艺术图书馆提供版权；图 5 由慕尼黑新绘画陈列馆巴伐利亚国家美术馆提供版权；图 6 由美国国会图书馆提供版权。①

感谢本系列的编辑苏珊·迪西、凯瑟琳·鲍斯菲尔德以及马修·吉朋斯，感谢他们充满耐心而又善解人意的支持。在撰写本书的过程中，曼彻斯特大学的朋友、同事和学生一直是我的灵感和动力之源。最感激的莫过于我的家人。

---

① 原文"图 3"误作"图 2"，"图 6"误作"图 5"，"图 5"误作"图 6"。译者根据原文校改。——译注

插图目录

（页码指原书页码）

图1：展现美狄亚、伊阿宋以及公羊返老还童的红绘提水罐，前480年左右，雅典（页24）

图2：展现美狄亚与赫拉克勒斯在厄琉西斯的瓶画线描（页51）

图3：展现美狄亚在弑子后驾战车逃跑的阿普利亚红绘涡形双耳喷口瓶，公元前340年（页87）

图4：刻有美狄亚传说的石棺侧面，罗马2世纪（大理石），意大利曼托瓦公爵宫（页91）

图5：《美狄亚踏上流亡之路》（页106）

图6：《现代美狄亚：玛格丽特·加纳的故事》，托马斯·诺布尔作雕版画，《哈泼斯周刊》（VII，1867年5月18日，308）（页109）

为什么是美狄亚?

Why Medea?

一、介绍美狄亚

我们为什么要关心一个使用魔法杀死自己的孩子却从未受到惩罚的神话人物?我们能够从中获得共鸣吗?神话人物是一名女性而不是男性,这重要吗?

本书之所以选择美狄亚,其中一个原因很简单:美狄亚在现代社会依然"存在"。不同于大多数现代读者并不熟悉的希腊神话人物(或许还有人记得普萨玛忒[Psamathe]或拉迪曼忒斯[Rhadymanthos]?),"美狄亚"这个名字在现代读者的想象中仍然占有一席之地(本书将采用她名字的常见形式,而非希腊语直译过来的"Medeia"①)。我们或许会认为,美狄亚的名字之所以能够被人们铭记,只是因为有关她的戏剧流传了下来,但即便是现存古代戏剧的主人公,如赫卡柏(Hekabe)

---

① 在本书中,大多数名字都以希腊文形式呈现,除了那些通常以拉丁文形式呈现的名字,尤其是作者的名字,所以用 Aeschylus(埃斯库罗斯)而不是 Aiskhylos(埃斯克洛斯),等等。

或堤厄斯忒斯（Thyestes），也较少受到古典圈之外的关注。同时，那些从未读过希腊悲剧的人也都对她耳熟能详；作为整个西方传统文学艺术的主要表现对象，美狄亚一直被政治运动当作"标志性人物"，当社会面对弑婴行为时，即便希腊神话中也有其他弑婴者如普洛克涅（Prokne）、伊诺（Ino）等，"美狄亚"这一名字也经常被提及。"美狄亚"这个名字意味着"策划者"，也许正是她的"战略能力"使她成为人们持续关注的焦点。

对于现代受众而言，美狄亚显然并不是一个能够引起共鸣的人物。她的能力、行为都使她不大可能像赫拉克勒斯（Herakles）或阿喀琉斯（Achilles）那样，在身份认同或是个人魅力上引人关注。如果我们把目光聚焦"女强人"这一面，将她的魅力视为性别对话的一部分，那么希腊神话中也还有其他人物同样值得关注：克吕泰涅斯特拉（Klytaimestra）谋杀了丈夫阿伽门农（Agamemnon），这个故事在荷马（Homer）的《奥德修纪》（*Odyssey*）以及最著名的希腊悲剧——埃斯库罗斯（Aeschylus）的《阿伽门农》（*Agamemnon*）——中流传下来；古代"拜金女"厄里费勒（Eriphyle），为一条项链而背叛了自己的丈夫；亚马逊女战士（the Amazons），骑马出战并以入侵雅典城而声名远扬。这些强大的女性都与美狄亚有相似之处，但只有美狄亚始终无人能出其右。

本书有两个相互关联的目标。首先,使读者理解现代艺术家谈及"美狄亚"时所隐含的背景——古代文化的叙事框架、起源以及意义;其次,探索神话及其影响力的来源,即为何美狄亚的故事在古代世界引起了如此广泛的关注,以及它怎样在现代世界依然保持流行。

神话的普遍性

我们不得不注意到,希腊神话在持续两千多年后仍在流传,并在各种旨归不同的社会中发挥作用。那么,这些神话是如何流传下来的呢?一方面,古代世界可以被视为西方社会的基石,塞内克(Seznec 1953)所概述的这种"文化权威"观念,将与我们在第八章、第九章中对神话"来世(afterlife)"的讨论相关联;在最后两章中,我们将看到美狄亚神话的流传成为一种全球现象。希腊神话持续流行的另一个原因是其普遍性。人性永恒不变,而希腊神话正道出了人性的核心,并且这种核心思想可以通过多种路径进行阐释。我们可以借鉴荣格(Jung)的精神分析观点,即人类的"集体无意识"中存在着"原型(archetypes)":他认为,我们都继承了一套心理模式,用来在世界上自我定位,从有限的"原型"中为自我及他人分配角色。

不同文化、不同历史时期的心理模式是相同的，我们以此能够实现自身与古代文化的联结。还有一种互补的方法是人类学立场，尤其是19世纪理论家安德鲁·朗（Andrew Lang）认为，所有人类文化的发展都经历了相同的阶段，因此相似的主题可以独立发展。正如当我们看一出希腊悲剧，或读一首罗马诗歌时，往往容易将这些故事代入到我们自己的生活中——那时，细节不再重要，我们会专注于情感或诸如家庭、爱情等人类基本关切的问题。然而，这种论点是具有迷惑性的，尤其是当我们思考像美狄亚这样一个复杂的人物时，要保持适当的谨慎。

普遍性原则起源于19世纪发展起来的一套观念，普遍性思想在当时许多领域都十分流行，但其中许多核心观点都受到后来思想发展的挑战。我们将在讨论过程中探究一些可称为"普遍化（universalising）"的方法，但也要注意可能由此引发的一些主要异议。

与普遍性理论相对立的是文化与社会建构的观念。"建构"的观念不是假定一种普遍的人性，而是强调个人与群体之间的互动程度，以创造出新的意义模式。这一观念可以进一步展开。有学者认为，即便是我们可能认定为普遍的事物，例如身体经验，也同样受制于文化干预过程。我们可能都经历过同样的生命现象，但我们理解以及处理其过程的方式其实是由社会决定的。例如，金（King 1998）在著作中深入探讨了希波克拉底（Hippocratic）对女性的看法——女性的身体通常被认为是天生不完美的，而即便在今天，我们也可以从"歇斯底里（hysteria）"这个意味深长的术语中看出，这是与"子宫（uterus）"相关联的一种疯狂。美狄亚的弑子行为将她置于一个复杂观念网络的中心，这些观念涉及女性身体以及母子关系，具有一定的社会和政治意义。

当我们认为可以将观念或形象从一种文化转移到另一种文化时，"建构"的观念告诫我们应当审慎而行。这种神话学研究的一个典型范例来自弗洛伊德（Freud）对俄狄浦斯（Oidipous）神话的运用。对于起初的公元前5世纪的希腊观众来说，索福克勒斯（Sophocles）的这部著名戏剧与其说是一部关于精神创伤的戏剧，不如说是一部关于命运必然性的戏剧。同样的故事在两种不同的语境中可能会产生不同的含义①：一位女性杀害自

---

① 当伊俄卡斯塔（Jokasta）告诉俄狄浦斯不要担心，"因为许多男人都在梦中娶了自己的母亲"（《俄狄浦斯王》[*Oidipous Tyrannos*]，vv. 981—982）时，索福克勒斯的戏剧的确包含了弗洛伊德的结构分析印证。弗洛伊德学派的批评家以此为证据，证明这个故事中有一个共同的心理特征。一旦我们开始接受弗洛伊德理论，便难以跳脱，因为任何拒绝关联的尝试都会被斥为"否认"从而被忽略。弗洛伊德作品的批评家强调的是其写作的直接背景，甚至后来借鉴其作品的精神分析学家也普遍提出更微妙的解读。一个有趣的实例是斯坦宁（Steinem 1994）模仿弗洛伊德的作品颠覆了性别偏见。

己孩子的故事可以有不同的解释,这取决于社会对"女性""杀害""孩子"等概念的理解。当我们回顾古代神话中的人物时,往往会根据自己的信仰或假设来填补空白,从而勾勒出一个看似连贯的画面。但如此可能仅仅满足了个人旨趣,却造成对美狄亚形象的误读。

神话的层次

美狄亚的故事并没有所谓的权威版本,甚至当我们讨论神话时,其实暗示了故事所涉及的三个不同层次。首先是包罗万象、包含所有故事的"希腊神话(Greek myth)"。美狄亚在这一广泛背景下,与其他神存在较多关联:她处于一系列复杂的关系之中,是伊阿宋(Jason)、赫拉克勒斯、忒修斯(Theseus)、狄奥尼索斯(Dionysos)等众多神话人物故事相互交织的其中一环。虽然美狄亚与伊阿宋之间的关系是两人故事的核心,但美狄亚与其他神话人物之间的互动也十分有趣。据说,在赫拉克勒斯杀死自己的儿子后,美狄亚恢复了他的理智,两个弑童者由此关联起来。而当忒修斯到达雅典时,美狄亚试图杀死他,这使她成为父子关系以及继母故事中的一部分,顺带又再次与赫拉克勒斯产生关联:忒修斯将为杀害儿童的赫拉克勒斯提供庇护，正如他的父亲埃勾斯（Aigeus）为美狄亚提供庇护那样。广阔的希腊神话背景将是我们分析美狄亚这一人物形象的核心。"神话（myth）"的第二个层次是关于美狄亚的故事集，"美狄亚神话（the myth of Medea）"是由不同时期，以不同方式讲述的事件所组成的故事集合。这个故事与其他神话人物的故事相互重叠，其中可能包含相互矛盾的元素，比如她的孩子是如何死于她之手，或死于意外，或被科林斯人杀害这些细节。最后一层是神话的具体"实例（instantiations）"，即关于美狄亚故事整体或部分的单独讲述。神话不同层次之间的联系十分复杂，我们应当牢记：出于自身特定目的而对素材进行加工的文学艺术作品，几乎不可能对神话作出全面的概述。

鉴于此，我们提供了有关美狄亚相对充足的素材。她是许多古代叙事中的核心人物，也在其他主要人物的故事中被提及。基于各种各样的材料，我们可以为美狄亚构建一部神话传记。下文充分描述了故事的主要情节，而一些几乎未被证实的，或不重要的情节和变体，我们也将在后面的章节中加以探讨。

神话传记

（一）"金羊毛（The Golden Fleece）"。美狄亚来自位于

黑海边缘的科尔喀斯（Kolchis），一个被古希腊视为文明世界边缘的地带。她是国王埃厄忒斯（Aietes）的女儿，是太阳神赫利奥斯（Helios）的孙女，也是荷马史诗《奥德修纪》中著名女巫喀尔刻（Kirke）的侄女。一般认为，伊阿宋和阿耳戈众英雄来到科尔喀斯夺取金羊毛时，美狄亚神话自此正式展开。伊阿宋的叔叔珀利阿斯（Pelias）给他设置了这一看似不可能完成的任务，意图阻止这位年轻的继承人在伊奥尔库斯（Iolkos）继承王位。美狄亚爱上了伊阿宋，施展神力帮助伊阿宋克服了埃厄忒斯在他面前设下的障碍。在与伊阿宋一同离开科尔喀斯的途中，她杀死了自己的弟弟阿普绪耳托斯（Apsyrtos）。在归途中，美狄亚又杀死了威胁阿耳戈英雄的青铜巨人塔洛斯（Talos）。

（二）美狄亚以伊阿宋妻子的身份来到希腊，并用她的神力使伊阿宋的父亲埃宋（Aison）返老还童，也有说是美狄亚使伊阿宋本人恢复青春。

（三）在伊奥尔库斯，或是出于主动，或是应伊阿宋为保王位而提出的请求（没有记载表明伊阿宋成功取得了伊奥尔库斯的王位），美狄亚杀死了珀利阿斯。美狄亚向珀利阿斯的女儿们（the Peliades）展示了她如何能够使年迈者返老还童，即杀死一只老公羊，然后从魔法钵中跳出一只活蹦乱跳的小羊羔。受此启发，珀利阿斯的女儿们决定为她们的父亲寻求同样的"回春（anti-ageing）"疗法，却导致了父亲的死亡。美狄亚没有为她们的父亲施展魔法，老人因此死去。美狄亚和伊阿宋被迫逃离。

（四）故事转移到了科林斯（Korinth），美狄亚、伊阿宋以及他们的孩子在那里获得了庇护。后来伊阿宋娶了科林斯公主——有时被称为格劳刻（Glauke）或克瑞乌萨（Kreousa），最著名的故事便由此开始。美狄亚被爱情的背叛所激怒，她杀死了公主，更是通过杀死自己的孩子，使伊阿宋失去后代来实施可怕的报复。这是欧里庇得斯所讲述的著名版本。但美狄亚神话的其他版本则给出了孩子们死亡的不同原因，美狄亚不再是一个蓄意弑子的凶手。在一些记载中，伊阿宋是科林斯的统治者，美狄亚是他的配偶；也有记载美狄亚自己是科林斯的合法统治者。而在欧里庇得斯的版本中，美狄亚逃离了科林斯，来到了雅典。

（五）美狄亚在雅典得到了国王埃勾斯的庇护，在一些故事版本中，埃勾斯娶了美狄亚。当埃勾斯的私生子忒修斯抵达雅典时，美狄亚试图毒害他，但埃勾斯在最后一刻认出了自己的儿子，及时打落了忒修斯手中的毒酒杯。美狄亚可能还试图给忒修斯设下一个不可能完成的任务。在忒修斯与埃勾斯重聚后，美狄亚逃离了雅典。

（六）最后一条故事链涉及一系列地理迁移中的一环。美狄亚可能去了东方，在那里，她的儿子墨多斯（Medus/Medios/Medeios）成为米底人（Medes）的祖先。也有一些记载说美狄亚回到了科尔喀斯。传说美狄亚最后的安息之地是"极乐世界（Elysion）"——来世的天堂，在那里她成为阿喀琉斯的妻子。

上述大纲列出了构成"美狄亚神话"的丰富素材，指出了一些反复出现的主题和重点：魔法的使用、反复地逃离、父子之间的联系，以及她的行为从未受到任何直接惩罚这一事实。然而，这个大纲混淆了许多不同的出处和情节，模糊了神话中所包含的一些问题和矛盾。各种矛盾引发了一系列激烈的学术争论，分歧便在于美狄亚故事的起源，据说有两个原始的美狄亚。另外，对个别细节或变体的阐释也存在较多争议，而这些阐释又被整体吸收，并映射到更广泛的有关神话主要焦点或意义的这些讨论之中。

本书将以重要的批判立场为参照，从而概述所要讨论的主要领域。在下一章中，我们将首先讨论材料出处的性质；然后第三章至第五章从起源问题开始，探讨神话的一些关键面向；第六章将考察神话演变中的一个特殊节点，即欧里庇得斯神话版本的出现，这一节点极有可能改变了神话的发展历程；接下来一章着重探究希腊故事是如何进入罗马世界的；最后两章落脚于美狄亚故事在罗马政权衰落之后的接受，并以简要介绍现代想象中的美狄亚作为结束。鉴于希腊神话的流变性，想要简明扼要地勾勒出神话的轮廓是一项不可能的任务（尽管有些古代作家如阿波罗多洛斯［Apollodoros］曾经尝试过），在这一点上，美狄亚的形象更是如此。本书旨在为读者提供一个可行框架以获取主要信息，但不同章节之间不可避免地会有所重叠，读者应当做好交互参照不同部分论证的准备，以便更好地解读材料。归根结底，美狄亚神话可能蕴含了这样一个道理——与混乱共生。为了领略这一神话人物的精髓，我们必须摒弃那些对（某种）确定性以及学术系统化的自以为是的幻想，去主动接受更为开放的、神话学式的思维方式。

谱系表

美狄亚通常被认为是埃厄忒斯与伊杜亚（Iduia，也称Eidyuia或Neaira）的女儿，但其家族谱系可以由向上、向下的多种变体构成。最常见的谱系：埃厄忒斯和喀尔刻是太阳神赫利奥斯与大洋神女珀耳塞斯（Perses）之子，美狄亚和她的妹妹卡尔喀俄珀（Chalkiope）为埃厄忒斯与伊杜亚之子，阿普绪耳托斯则是埃厄忒斯与仙女阿斯忒罗得亚（Asterodeia）结合所生。

然而，在狄奥多罗斯·西库路斯（Diodorus Siculus）给出的家谱中，埃厄忒斯、珀耳塞斯为赫利奥斯之子，珀耳塞斯是赫卡忒（Hekate）的直系祖先，埃厄忒斯则为美狄亚和喀尔刻之父（《历史文库》[*Library*] 4.45 ff.）。

顺着家谱往下，美狄亚与伊阿宋所生孩子的数量、姓名以及性别版本各异（从一个儿子到七个儿子、七个女儿）。欧里庇得斯提到两个未透露姓名的儿子。保萨尼亚斯（Pausanias）则指出，西尼松（Kinaethon）的记载中提到了一个女儿埃里奥皮斯（Eriopis）和一个儿子美狄奥斯（Medeios）（参见《希腊志》[*Description of Greece*]，2.3.9 fr.2）。这个儿子被称作米底人的祖先，有时被称为墨多斯，有时也被认为是美狄亚与埃勾斯之子。

常见谱系

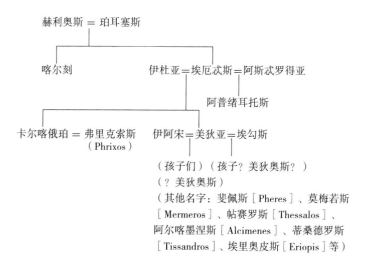

其他谱系表

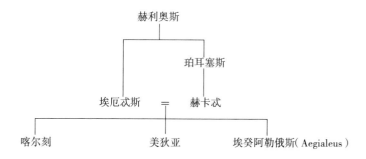

二、神话及其出处

11　　本章将解释我们如何"知我所知"。若要对美狄亚的意义展开更广泛的讨论,我们必须先对研究基础有一个清晰的认知。不同于小说中的人物,对神话人物的探索是建立在流动性之上的。当我们说"美狄亚杀死了她的孩子"时,我们要知道——这只是神话的其中一个版本(在特定的时间,由特定的人物,出于特定的目的)。我们同样也要知道,这个版本与其他故事对于儿童命运的解释相互矛盾。本章的目的并不是要梳理出一个有关神话的确切描述,或是判定"这个是最佳出处",而是要指出我们所研究材料的性质。

　　在第三章至第五章中,我们将从不同的角度来审视美狄亚神话,致力于生成一个多维的图景。在构建有关美狄亚的神话传记时,我们不可避免地会把观念、时间和地点混为一谈,可能在无意中便将问题掩盖。因此,下一章将从概括性的视角来考察美狄亚神话,引出神话的核心问题和焦点。为此,我们需要利用各种不同来源、不同时期以及不同地理位置的广泛材料。我们面临着这样一个困境：每个研究者都各自宣称研究对象是"马"，是"蛇"，或是"老鼠"，其实感知到的都只是"大象"的其中一部分。本章将简要概述使用每种出处时的一些主要考虑因素，同时也将指出与理解美狄亚神话相关的要点。神话的古代来源可能同所有现代报纸一样，存在着偏见和矛盾。因此，我们必然无法获得美狄亚神话的"纯"形式——如果这个形式的确存在的话。

神话的可塑性及其被各种方式操纵的特点，难免会引发人们对于一个版本如何基于早期版本发展起来的分析。尽管本书并无意按照时间顺序来详细叙述神话的发展，但我们会指出古代文献如何继承先前作品：既有意创新，又遵从旧版本的权威。虽然显而易见的模式似乎是，随着后来的版本建立在先前版本之上，神话变得更加丰富，但这并不是我们应当考虑的唯一时序框架。神话的发展并非呈现出一种连续性模式，旧版本也可能会丢失或是变形。美狄亚形象的深远影响源于古代故事讲述的力量。因此，本书的重点将是关于美狄亚的 ancient [古代的] 观念。当然，有些人会质疑说，我们不可避免地会受到古代源头至今所有后来形象的制约，因此，我们无法回溯到那个古代的美狄亚。

在这一问题上，存在两种思想流派。

第一种流派以因伍德（Sourvinou-Inwood, 1991, 1995）为代表，他有力地指出：如果我们收集足够的信息来构建"知觉滤镜（perceptual filters）"，就可以接近对原始古代世界的理解。通过运用这些"滤镜"，就像戴上一副眼镜，我们可以回望古代世界，重现古代对美狄亚形象的看法。这种方法有时被称为"文化百科全书（cultural encyclopaedia）"，是传统古典研究领域工作的核心。

与之相反，马丁代尔（Martindale 1993, 1997）等人从最近的后结构主义视角出发，认定我们不可能脱离自身的精神框架。这种观点强调一种古代世界接受史的方法，通过更加深刻地认识到我们与古代世界之间的距离，我们也会更加自觉地意识到自己在所创造历史中所扮演的角色。从这一角度来看，古代神话并不是对后来文化造成影响的"固定装置"。恰恰相反，两者之间存在一个动态的相互作用过程，现代观念和结构会影响我们进入古代世界的能力，从而改变古代神话。因此，关于美狄亚的现代观念影响着我们对古代资源的理解。这种方法可以应用于古代世界包括历史在内的各个方面，尤其适用于研究具有内在可塑性的神话。

本书试图在这两种方法之间找到一条"中间路径"，既提供关于古代版本的详细背景,同时也指出个体与社会赋予故事以意义的双向过程。

神话传播:口传与文学

希腊神话的流动性与其创作、传播的背景有关。尽管我们今天只能通过书面(文学)叙述和视觉图像来了解古代神话,但就希腊神话的演变而言,其主要媒介是口头语言。最早的希腊文学——《荷马史诗》便来自口头讲故事的传统;即便吟游诗人使用的是众所周知的基本构件,诸如故事形态或一些重复短语,但他们在每一个新的场合都会重新创作一个故事。当时有一种奖励创新的演剧文化,这也使得一个神话难以形成任何权威版本。此外,神话在当时作为一种流行文化,是由女性和男性共同推广传播的,正如柏拉图所说的"乡村妇女的交谈"(《泰阿泰德》[*Theaetetus*],176 b 7)。因此,这种口头讲故事的形式向所有人开放,不分教育程度,甚至不分性别。

"神话"与"历史"之间并没有明确的分界线。*Muthos*[**秘索思**]指"被讲述的故事",古代的人们普遍认为,神话中的故事是历史事件的真实反映,而在那时,人类更加伟大,世界更加神奇。对于希腊观众而言,"那时(then)"与"现在(now)"

之间往往有着更为直接的联系，而这种联系背后的意识运作，未必会将神话视为一种虚构结构；因此，当我们从寓言或象征的角度来思考神话时，应当谨慎处理。相较于对寓言化的"女性权力"或"外来入侵"的恐惧，对美狄亚作为一个真实人物的恐惧或许更为实在。同样，神话与仪式之间的关联也比我们想象的更为密切。我们今天倾向于将神话当作 *aetiologies*［病原］来解读故事，它们似乎显而易见是被捏造出来的；但对于举行仪式的希腊人来说，对相关事件的史实性确信不疑，可能是他们与神建立联结的一个基本层面。

关于美狄亚神话证明材料的翔实记载，本书整理了各种出处以及不同变体，详见"拓展阅读"部分。本章的目的不是求"全"，而旨在指出我们在使用这些出处时所面临的挑战，以及为何有些素材相较于其他素材而言可能愈加丰富有趣。

古风文学

《荷马史诗》——《伊利亚特》(*Iliad*)和《奥德修纪》——自然可以被称为希腊文学的源头，以至整个西方文学的奠基之作。它们不仅是希腊现存最早的文学作品，而且在希腊社会的教育、文化发展中都起到了核心作用。遗憾的是，这两部作品并未提及美狄亚。尽管如此,我们可以肯定地说,美狄亚的故事是最早的说书人的保留剧目之一。从后来作家的片段及引用中,我们知道了一系列史诗,它们与《荷马史诗》创作于同一时期,这些故事被统称为"史诗集群(Epic Cycle)",讲述了同一个神话世界的不同部分,包括特洛亚战争(the Trojan War)之前、其间及之后的事件细节。由于它们起源于口述故事传统,所以这些是我们所能接触到最接近"真正的"神话的史诗。然而,即便是讲述这些故事的行吟诗人,要么为了迎合特定观众或有权势的赞助者,要么为了处理素材时的诗歌技巧,总之,会出于特定的目的对故事进行传达。因此,我们必须审慎,不要认为我们对美狄亚的最早引用必然是直接明了的、不存偏见的。

《返乡记》(*The Nostoi/Homecomings*)是公元前7—前6世纪的一部史诗,讲述了英雄们从特洛亚返回希腊的故事,诗中提到了美狄亚的再生神力。其中一个片段是,美狄亚将药物放置在一个金钵中,使伊阿宋的父亲埃宋返老还童(fr. 7, *PEG=Poetae Epici Graecae*, ed. Bernabé [《希腊叙事诗人》,贝尔纳维],1987)。魔法力量是我们所能接触到的最早期美狄亚故事的核心,甚至可以说处于希腊魔法谱系的末端。返老还童的魔法表明了美狄亚的神圣血统,同时使人联想到冥界的黑暗,这点我们将在第四章中进一步探讨。

同一时期（约公元前700年），出现了赫西俄德（Hesiod）的现存诗歌——《神谱》（*Theogony*），这是一本神谱目录，讲述了伊阿宋如何从埃厄忒斯带走美狄亚，以及他们有一个孩子名为美狄奥斯（《神谱》，VV. 922—1022）。书中并未提及美狄亚采取了任何行动。《神谱》的重要之处在于构建了系谱模式的整体框架，不过，赫西俄德可能同样出于自身的诗歌目的塑造了神话。《神谱》其中一段提到，伊阿宋与美狄亚的故事是有关凡人与神之间的婚姻，这显然将美狄亚视为女神。相关叙述中还包含一个令人困惑的说法：伊阿宋与美狄亚的婚姻"实现了伟大宙斯的意愿"；这句话的意义尚不明确，但韦斯特（West 1966）解释道，这指的是美狄亚之子美狄奥斯的命运，可能与他所建立的美迪安（Median）氏族有关（详见第五章）。

公元前7世纪晚期的诗人弥涅墨斯（Mimnermus）曾说，没有"她"的帮助，伊阿宋不可能赢得"金羊毛"（fr. 11a），这是现存最早提到美狄亚在"夺取金羊毛"中扮演核心角色的文献。诗中并没有明确说明这个"她"就是美狄亚，还有另一种传统则认为雅典娜（Athena）是主要的助力来源；但上下文强烈暗示了伊阿宋与他的帮助者之间，存在一种超越凡人与奥林波斯女神的关系。尽管弥涅墨斯没有详细阐明美狄亚提供帮助的原因，但我们可以根据语境推断——一切都源于爱情。弥涅墨斯作为一名来自士麦那（Smyrna）的抒情诗人，以创作有关青春、快乐和阳光的诗歌而闻名。我们可以想见，美狄亚的故事是爱的力量压倒年轻人的一个例证。

这些来自古代早期的直接书写，仅仅提供给我们有关美狄亚的"惊鸿一瞥"，后来作品中的参考文献表明，早期传统远比我们想象的更为强大。在保萨尼亚斯作于公元150年左右的《希腊志》（*Description of Greece*）中，我们获得了一些有关美狄亚的信息片段，这些片段是从许多不同的出处收集而来的，比如赫拉尼奥斯（Hellanios）和西尼松的作品。他还特别介绍了诗人优麦洛斯（Eumelos）约公元前730年创作的诗歌《科林斯纪》（*Korinthiaka*）中的细节。保萨尼亚斯告诉我们，在这首诗中，科林斯人召唤美狄亚来到科林斯，并宣称她为他们的王后。这与诗人西蒙尼德斯（Simonides）在一个传说片段中的记载相符，他也提到美狄亚是科林斯的王后（韦斯特［1971，fr. 545］提到伊阿宋"定居在科林斯而非马格尼西亚［Magnesia］，与他的科尔喀斯妻子生活在一起，统治着塞拉诺斯［Thranos］和勒查姆［Lechaeum］"）。保萨尼亚斯还记载，优麦洛斯收录了一个故事版本，即美狄亚试图使孩子们永生，却造成了他们的意外死亡。这个故事还可以借助进一步的参考得到补充：优麦洛斯发现品达（Pindar）在《奥林匹亚颂歌》（*Olympian*，13.74 g）

的评注中说,美狄亚通过献祭德墨忒耳(Demeter)和利姆诺斯岛女神(the Lemnian nymphs)避免了科林斯的饥荒。后来,宙斯爱上了美狄亚,但美狄亚出于对赫拉的尊重拒绝了他的求爱。赫拉为表达感激之情,提出要让美狄亚的孩子获得永生;他们死后,科林斯人对他们进行崇拜以示纪念。

显然,《科林斯纪》包含了大量有趣的材料,但我们很难根据仅存的少数参考文献来评估这一文本的重要性。保萨尼亚斯是在这首诗创作了许多个世纪之后才收集到这些信息的,我们不知道他是否从这首诗中获得了第一手资料(不大可能),还是通过摘要,或通过将书面故事重新转化为口头传说的神话传统获得了二手信息。同样成问题的是,保萨尼亚斯对当地的细节感兴趣,而这些细节通常与他所感兴趣的特定地点或对象关联在一起。因此,他讲述的科林斯故事可能限于那个特定的地域,并与特定的社会发展有关。由于缺乏《科林斯纪》中那些片段的确切背景,我们可能会将其推演至更"泛希腊化"的传统,高估这些细节的重要性。我们对优麦洛斯及其创作这首诗的目的所知甚少,他可能仅仅记录了当地的神话传统,也可能出于自身目的塑造和/或改变了它们。因此,令人沮丧的是,保萨尼亚斯引述优麦洛斯的《科林斯纪》难以作为原始材料加以使用,当我们读到保萨尼亚斯对另一部古代史诗《勒普托卡利亚》（*Naupaktia*）的评论时，也面临着类似的问题，在这部史诗中，据说伊阿宋和美狄亚去了克基拉岛（Kerkyra）（《勒普托卡利亚》，fr. 9. *PEG*—2.3.9）。

这些都是我们在处理那些仅仅被后来文献所叙述、概述或引用的古代素材时面临的问题。后来的文献表明，诗人菲勒塞德斯（Pherekydes）、西蒙尼德斯和伊比库斯（Ibykos）都写过关于美狄亚的作品，但我们现在已经无法直接获取这些素材了。不过我们可以相对肯定地说，即便是在早期阶段，美狄亚的故事也以几条不同的线索在流传；我们将在下一章中看到，这又如何影响了故事的起源。

品达

品达约公元前518年生于波奥提亚（Boeotia），他周游希腊世界，结交了当时的最高权势者比如西西里岛的僭主希伦（Hieron）。品达的每一首诗，都以希腊贵族在各项体育竞技中的胜利为出发点。尽管我们不清楚这些诗的具体创作过程，但它们由胜利者或其家人委托品达创作，并为此支付报酬。这样的创作环境意味着，诗人不可避免地要以最为正面的视角来展现胜利者，神话便往往为此服务。以正面视角描绘胜利者祖先的神话故事，以及讲述胜利者所表现出的美德故事，在当时都非常受欢迎。虽然品达的诗歌为特定场合而作，但仍然表现出对诸如神的恩宠、勤劳的重要性、颂歌的意义等主题的广泛兴趣，颂诗中的神话因而被用来支撑诗歌的整体观点。不过，品达对神话的运用并不是为了迎合商业目的而对故事进行粗略曲解；他对神话的引用博学而隐晦，通常假定观众熟悉故事背景，仅提及部分细节。品达在处理神话方面的确有所创新，并根据个人关切塑造了神话，但并不是随意编造的。由于每首诗都是应景的"量身定做"，因此他对神话的解读并不一致，就美狄亚而言，他也给出了两幅截然不同的画面：《皮提亚颂歌》（*Pythian* 4）将美狄亚描绘成阿芙洛狄忒（Aphrodite）爱情魔咒的受害者；而在《奥林匹亚颂歌》（*Olympian*, 13.53—54）中，她似乎更具掌控力，"美狄亚将爱情置于父亲之上 / 拯救阿耳戈号及其船员"（译自尼塞蒂奇［Nisetich］，1980）。

前5世纪悲剧

一般说来，正是悲剧诗人对神奇的渴望，才使人们关于美狄亚的叙述如此千差万别，充满矛盾。

——狄奥多鲁斯·希库鲁斯，《历史文库》（*Library*, 4.56）

这句引文揭示出前 5 世纪雅典剧作家对神话发展的贡献，我们将在本书第六章聚焦现存戏剧——欧里庇得斯于公元前 431 年创作的《美狄亚》对故事的讲述。在第六章中，我们还将讨论美狄亚故事的不同要素，比如以埃宋的返老还童为主的一些其他戏剧。在这一点上，我们应当注意到悲剧的一些主要特征，这对我们理解神话至关重要。首先，公元前 5 世纪的雅典悲剧是为雅典人创作的，作为一项公民事业由政府出资，通过竞争上演，旨在鼓励剧作家迎合雅典观众的兴趣。这些戏剧通常以雅典为中心，颂扬雅典，并在故事中赋予这座城市以中心地位，而这些故事的地理起始其实是在别处。例如，埃斯库罗斯的《俄瑞斯忒亚》（*Oresteia*）从阿尔戈斯开始，以雅典法庭对复仇循环的裁决而结束；欧里庇得斯的《赫拉克勒斯》（*Herakles*）发生在忒拜（Thebes），以忒修斯在雅典提供庇护而结束。我们将看到，在欧里庇得斯的戏剧中，雅典国王埃勾斯的出现不仅仅是一种适当的情节设计，并且使雅典成为戏剧情节的中心。虽然悲剧对美狄亚神话的发展产生了重要影响，但我们也要考虑它们被创作出的具体背景。雅典剧作家往往聚焦故事中的某一时刻，以此深入探索神话的创作动机以及潜在模式，这在构建叙事时极为有效。不过，赢得比赛的重要性鼓励了创新，可能使得神话从其早期或最为密切的关联中剥离出来。

除了现存的或被其他作品引用的戏剧之外,还有两种类型的素材提供了有关美狄亚神话的信息。首先是 *scholia*［**注释**］,即作于后期,附在戏剧中的评论注解。在欧里庇得斯《美狄亚》第 264 行的注释中,提到了另一个传说:科林斯人由于不愿被一个异邦女人统治而杀死了他们自己的孩子。《美狄亚》第 9 行的注释说道,据说科林斯人付给欧里庇得斯 5 塔兰同来创作这个版本的故事,这在前 5 世纪中叶是一笔相当可观的数目,相当于一个工人 30 年的工资。如此便将孩子们死亡的责任从他们的祖先转移到了美狄亚身上。不论这个故事是否属实,它都提出了一个重要观点,即剧作家可以出于许多不同的主观目的来塑造神话。

其次是对戏剧的 *hypothesis*［**假说**］,即后来添加的一段简短引言,提供一些背景信息。关于欧里庇得斯《美狄亚》的假说是:亚里士多德(Aristotle)和迪卡亚科斯(Dikaiarchos)认为,欧里庇得斯的戏剧取材于涅俄佛隆(Neophron)的一部类似戏剧。总之,尽管悲剧这一体裁具有雅典中心主义,但它仍然提供了大量关于神话传统的信息,超越了现存戏剧的局限。

希腊化时代

在第七章中,我们将探讨美狄亚神话如何经由希腊化时代的文化从希腊传播到罗马世界。就希腊化时代,我们的主要资料来源是阿波罗尼奥斯·罗迪奥斯(Apollonios Rhodios)的史诗《阿耳戈英雄纪》(*Argonautica*)。阿波罗尼奥斯主要于公元前3世纪进行创作,既是一位诗人,也是一位学者;他的作品描述详尽,并且具有互文性。虽然他笔下的美狄亚是一位初次邂逅伊阿宋的年轻公主,但作者对其未来命运的时刻提醒,制造出了某种不祥的氛围。希腊化诗人是高度自觉的,他们为受过良好教育的观众而创作。他们通常身兼文学评论家、古物研究者,对宗教仪式的起源、被遗忘已久的细节以及故事不同版本之间的相互影响充满兴趣。例如,关于美狄亚试图杀死忒修斯的第一个现存文学资料,便来自卡利马修斯(Kallimachos)的希腊化"史"诗《赫卡忒》(*Hekale*),卡利马修斯同样是一位学者、诗人,也是亚历山大图书馆的管理员。在这首诗中,传统史诗的宏大主题被摒弃,英雄与老妇人之间的琐细经历成为叙事关注的焦点。这种专注于隐秘知识的渴望,反而保存下来了大量本可能会遗失的材料,因此对于今天的我们来说是难能可贵的。另外，在这一时期的文学艺术中，存在一种沉浸于隐藏细节、以极端巴洛克风格渲染过度感伤的趋势。

正是这种施展博学、表达一种特定艺术理想的渴望，创造出了一种独特的神话表现形式，另一方面也使美狄亚恰巧顺应了不断变化的世界潮流。希腊化时代见证了先人以共同体为基础所开始的身份转变。与个体通过其城邦或国家来定义自我身份不同，亚历山大的世界主义精神鼓励个体通过其他途径建构自我形象。在这样的政治环境下，古希腊一些关于种族、"他者性（otherness）"的问题便以不同的方式呈现出来。对一些研究者来说，宗教或阶级关系成为界定身份的主要因素，所以美狄亚野蛮人的"他者性"似乎就不那么重要了。然而，正如忒俄克利托斯（Theocritus）《牧歌》（*Idyll*, 15）中一个关于希腊人说不同方言的笑话所体现出的那样，很显然，种族身份仍然是大多数人生活中的一个重要因素。尽管亚历山大新社会鼓励融合，但仍然存在这样一种倾向——通过创造一个"他者（the other）"形象来对其进行否定定义。

罗马的诠释

当我们来到罗马世界，会发现美狄亚很早便引起了作家们的关注。早期的伟大作家如埃尼乌斯(Ennius)曾讲述过美狄亚故事的不同版本,美狄亚更是持续激发着后来作家们的想象力。奥维德(Ovid,公元前43年—公元17年)在诗歌中多次提到她的故事,最令人难忘的是,他还以美狄亚的口吻写了一封致伊阿宋的信(《女杰书简》[*Heroides*],12),并在《变形记》(*Metamorphoses*)中讲述了她的生平(《变形记》,7)。据说,他还创作了一部关于她人生的悲剧,被同时代的人誉为伟大的艺术作品。奥维德似乎被美狄亚的复杂性本质所深深吸引,他对其性格的不同方面、变换能力以及在男女关系中的模糊角色都饶有兴致。

相较之下,塞涅卡(Seneca)则创造了一个黑心女巫美狄亚,故事充满了对疯狂、魔法的可怕描述。塞涅卡是年轻尼禄(Nero)的家庭教师,并于公元54年尼禄登基时成为他的政治顾问。塞涅卡接近罗马的最高权力阶层,并被卷入随之而来的所有阴谋和危险之中,最终于公元65年的一次密谋刺杀皇帝事件后被迫自杀。除了政治活动,塞涅卡还是一位斯多葛派哲学家,对理性控制激情这样的观念怀有极大兴趣。他创作了许多希腊剧作家都曾改编过的神话版本。他的戏剧体现出其政治和哲学倾向所带来的影响,但也可以说是罗马公众逐渐变化的暴力品位的一种反映。塞涅卡笔下的美狄亚与欧里庇得斯笔下的人物截然不同。

最有趣的事实是，美狄亚在罗马非常受欢迎。在第七章中，我们将探讨她之所以流行的原因；但必须指出的是，奥维德至少是在探索这则神话，并以一种可能与我们今天的探究相一致的方式来面对这则神话。

文学概述

阿波罗多洛斯的《书库》（*Bibliotheca / Library of Mythology*）是一本神话故事集，旨在系统、全面地描述希腊神话，指出不同的变体以及相同的人物。关于这部作品的年代和原著者，存在争议，但作者极有可能是雅典的阿波罗多洛斯，这位学者于公元前2世纪在亚历山大工作，据说写过有关希腊诸神的著作。由于《书库》主要关注英雄神话，它极有可能是另一部详细描述诸神的神话作品《诸神论》（*On the Gods*）的姊妹集。许吉努斯（Hyginus）的短篇故事集《神话指南》（*Fabulae*）同样存在类似的年代问题，一般认为创作于公元前1世纪至公元1世纪之间。

作家狄奥多罗斯·西库路斯（公元前1世纪）创作了一套《历史文库》，旨在讲述公元前60年的历史。这套书全部40卷中只有15卷幸存下来，其中包括诸如地理、神话考察等许多早期资料。狄奥多罗斯借鉴了大量早期素材,并对其价值作出一些批判性评论(包括上文所引用的悲剧诗人对美狄亚的看法)。他的作品往往淡化了故事中的超自然特征,例如他使赫卡忒变成一个历史上发现草药用途的女王。

相比之下,公元4世纪晚期《俄耳甫斯的阿耳戈英雄纪》(*Orphic Argonautica*)则渲染了故事中的超自然面向,但削弱了美狄亚在"夺取金羊毛"中的作用,将大部分魔法力量赋予了故事的讲述者俄耳甫斯(Orpheus)。神话故事的这种转移进一步彰显出神话的可塑性。

视觉艺术

至此,我们主要关注的是文学叙述,这些叙述似乎可以在解读中明确体现出故事动机以及神话意义。然而,我们不应忽视古代世界的视觉艺术。在一个文学素养有限的社会里,视觉呈现可能与语言讲述同等重要。虽然有时我们可以看到视觉艺术,如瓶画,可能是对文学形式的一种回应,但传统往往更接近我们在本章开篇便提到的具有流动性的口述材料,展示出不同的故事讲述方式。相较于处理文学文本,我们解读视觉图像则需要不同的技巧和方法。因此,本书中的插图仅限于讨论个别图像,而非提供大量图像来强化文学叙述。

正如卡朋特(Carpenter 1991)所说:

> 视觉艺术对神话的描绘,使用了一种与文学语言截然不同的"语言"……形式与主题之间的关系也对这种语言产生了影响——雕塑家的重心是为公共建筑(如神庙)刻画一组关于诸神与巨人之战的山形雕塑,这与陶瓶画家将同样主题绘制在一个出售给私人的杯体内面存在明显不同。
>
> (《古希腊的艺术与神话》[*Art and Myth in Ancient Greece*],8—9)

我们不禁要问:如何观看一幅图像?美狄亚的形象又如何与当时的历史背景联系起来?例如,陶瓶主要供男性还是女性使用?它是葬礼祭品,还是用于宴会调酒?对于罗马人来说,美狄亚的画像出现在自家墙上或石棺上有何区别?现存有关美狄亚最早的图像来自公元前630年左右,图像的中心内容是她杀死了珀利阿斯,在魔法钵中使公羊复活。这些图像可以关联到早期意大利的场景,表明艺术互动的过程伴随着贸易的发展(参见 Smith 1999)。图像中返老还童的场景持续流行到5世纪,这是对美狄亚神力的强调,而文学材料往往忽略了这一面。

图 1 展示了公元前 485—前 470 年雅典生产的红绘提水罐上的场景,这是一种主要用于运输、储存水的陶瓶,因此与女性的关系更为密切。图中两个人物分别是"美狄亚"和"伊阿宋"。

图 1:展现美狄亚、伊阿宋以及公羊返老还童的红绘提水罐,前 480 年左右,雅典。图片来源:大英博物馆理事会(Red-figure hydria showing Medea, Jason and the rejuvenation of a ram. Attic, c. 480 BC.Source: Image © Trustees of the British Museum)

美狄亚位于图像左边,左手拿着一只碗,从中撒下药草。在图像中央,一个大钵放置在三脚架上,下面是熊熊烈火,一只公羊正跃向美狄亚。右边的人物是"伊阿宋",图中呈现为一位白发苍苍、手持权杖的老人。有研究者认为铭文有误,老人应该是伊阿宋的父亲埃宋。不过,也许艺术家的确是想展现伊阿宋的返老还童,试图谴责艺术家的错误恰恰暴露出我们对文学资源的过度依赖。从人与公羊的动态姿势,到公羊的角、美狄亚的耳环这些细节,整个场景都经过了相当严谨的构图。图中人物的神情难以判断,但伊阿宋伸出的手臂可能意味着请求美狄亚使自己返老还童,正如使公羊恢复往日生机那样。

这不是我们在早期文学材料中所能看到的场景,侧重点的不同意味着,当我们通过文学和视觉艺术材料进入神话时,可能会遇到一种差异。尽管文学传统与造型艺术传统存在相当多的重叠,但它们有其各自的关注点和主题。"金羊毛"最著名的艺术呈现是伊阿宋从龙口逃生,而美狄亚并未出现,只有雅典娜在一旁观看。同文学表达一样,图像的"语境"也会影响其阐释。对于不同的共同体或个体来说,同一图像可能蕴含着不同的信息。

我们将于第七章中看到,公元前431年欧里庇得斯的《美狄亚》上演之后,美狄亚的艺术表现形式转向了她的东方服饰,以及有关龙战车、孩子们死于其手的场景。我们也可以从一些图像中获取这一时期文学作品中并未提及的故事，例如公元前450年左右的红绘陶罐展现了忒修斯与一名女性关联的场景，这名女性据推测是美狄亚——而这一故事在文学材料中并未得到充分证实。同样，阿波罗尼奥斯的《阿耳戈英雄纪》最早描述了塔洛斯死于美狄亚之手的故事，但这个故事早在前5世纪末的陶瓶中便已呈现出来。"拓展阅读"列举出了更多相关的现存艺术图像。另外，还有一些有关艺术作品的文学引用，比如古茨维勒（Gutzwiller 2004）曾讨论过保萨尼亚斯对客观物体的评论，以及普林尼（Pliny）提到公元前1世纪中叶蒂玛库斯（Timarchus）的一幅美狄亚画作等（《自然志》[*Natural History*]，35.136）。

小结

从故事的整体叙述到故事概况以及零碎线索，上文提到的每一出处都为我们提供了有关美狄亚神话的各种信息。然而，没有一处来源能够涵盖神话的全部意义，因为每个作品都是为特定观众、特定场合而创作的。尽管对神话发展加以编年史描述，可以囊括每一处来源相对突出的有用信息，但对于美狄亚这样一个复杂的人物来说,这些信息本身并不足以提供对其理解的关键之门。由于这种通常被称为"历时性"的方法秉持着严格的线性时间观念,我们可能会忽略或掩盖其中的联系。因此,在下一章中,我们将从概观的角度来处理这些材料;也就是说,从整体视角寻找所有版本中的主题以及反复出现的母题,指出与美狄亚相关的一些核心问题。

关键主题

Key
Themes

三、起源、民间故事与结构主义

本章将重点探讨现代西方世界神话研究中的一些核心问题。本章的三个部分都将美狄亚置于具体语境中,试图寻找一个框架来帮助我们理解这样一个复杂而多面的人物。我们将从起源问题开始,转而探讨"神话""民间故事"这些对故事进行归类的术语。我们将会看到,美狄亚神话包含了多种元素,这些元素也同样存在于其他文化的故事之中。对神话的跨文化研究通常与结构主义(structuralism)的理论方法联系在一起,这也将是本章的最后一个主题。所有这些讨论都涉及对材料的划分,我们试图从中找到连贯的结构,同时也为神话的影响力及其持久性提供解释,而这些都构成了后面章节的重要背景。

起源

故事的一开始是——

就是在这里,我们遇上了麻烦。尽管我们对神话的起源充满兴趣,但对于美狄亚故事的起源,或者说实际上大多数希腊神话故事的起源,我们并没有任何可靠的理论依据。尽管如此,一代又一代的理论家仍然阐发了一系列关于神话、故事以及宗教的观念,对那些历史学的、考古学的或观念性的材料给予了不同的重视。本节所讨论的观念并非关于美狄亚的独立线索,而是代表了有关希腊神话更广泛问题的一些思想流派,这些问题包括希腊神话的形成及其在希腊世界中的地位。

当美狄亚开始在文学或艺术领域中出现时,围绕她已经有了一套完整的素材,这些素材与伊阿宋以及阿耳戈英雄的故事密切关联。如前所述,公元前7世纪的史诗《返乡记》最早提及美狄亚,赫西俄德的《神谱》又提到她与伊阿宋的婚姻,同一时期的陶瓶画还呈现了珀利阿斯之死。鉴于这些故事情节的广泛分布,以及这些故事所涵盖的地理距离,评论家莱斯基(Lesky 1931,48—50)认为,最初有两个所谓的"美狄亚",她们的故事被混为一谈:一个美狄亚被认为是科林斯神话中的早期人物,与孩子们在科林斯死亡的故事联系在一起;另一个美狄亚则被认为是通过其父亲埃厄忒斯、姑姑喀尔刻而与科尔喀斯太阳神血统相关联的人物。古代神话的讲述者试图用不同的方法将美狄亚的故事整合到一起,例如在优麦洛斯的论证中

（由保萨尼亚斯引用，2.1.1 ff），赫利奥斯的后裔成为科林斯的最初统治者。我们难以确证哪些元素是神话的最初组成部分，以及是否一个"美狄亚"先于另一个出现。不过许多学者认为，两个有着同样独特名字的人物不大可能同时存在，如詹尼尼（Giannini 2000）提出了较有说服力的"一神论（Unitarian Theory）"，表明只有一个美狄亚。在我们最早的参考文献中，美狄亚便以一个"成熟"的神话人物形象出现，因此很难说明这条线索究竟源于何处。

如果找不到一个确定的起始点，我们或许可以界定美狄亚神话概念的论域。蒙罗（Moreau）在1994年分析伊阿宋和美狄亚神话时指出，美狄亚最初是地母传统中的一个女神，后来发展成为一个独立神，这个过程可以被称为"本质化（hypostasis）"。蒙罗从希腊宗教寻找核心思想、信仰的观念出发，认为神话中一个原初形象如"大地之母（earth mother）"，可以发展为几个独立人物。约翰斯顿（Johnston 1997）也同样论证，美狄亚最初是一位与赫拉并列的女神，但随着神的职能越来越专业化，越来越分化，美狄亚成为一个独立神（详见第四章）。作为太阳神赫利奥斯家族的一员，美狄亚的出身始终是神圣的。我们可以得出这样一个观点，即她的神话身份是由作为女神的宗教地位发展而来的，而这部分是因为与其紧密相连的女神——赫卡忒的形象同样经历了一个神话重组的过程。赫卡忒作为泰坦家族（the Titans）的后代，被奥林波斯万神殿接纳后职能也随之变化。在赫西俄德的《神谱》中，宙斯欢迎赫卡忒，她也承担了从照顾年轻人到监督马术等多种角色（《神谱》，404—452）。在希腊神话中，赫卡忒与阿耳忒弥斯（Artemis）、德墨忒耳存在关联，直到5世纪，她还通常像阿耳忒弥斯那样被描绘成一个年轻女子，只不过手持火把而非弓箭。只是在后来的艺术中，她才更多地被描绘成老妇人或"老太婆"。有学者认为，赫卡忒最初也是一位母神、大地女神，后来发展出司掌魔法的功能。这种相似之处对于解读美狄亚具有启发意义，但重要的是，赫卡忒始终是一位女神，而美狄亚作为女英雄的地位则更具争议。

像蒙罗、约翰斯顿这样的解读被一些学者斥为"还原主义（reductionist）"，即试图将所有相关人物追溯至同一来源。大多数学者认为，这种试图用简单现象来解释复杂现象（"还原"复杂故事）的"还原主义"方法，由于无法充分考虑细节的多样性，甚至必须忽略那些不易被系统化、被分类的素材或观念，因而存在根本性的缺陷。相比之下，道登（Dowden 1989）等学者强调神话的多义性，以及从更广泛的意义来解读神话女英雄的必要性。这便是说，我们可以在神话中探索不同模式，但不必坚持一个可以涵盖所有的总体理论。这种"反还原主义（antireductionist）"观点可能认同美狄亚故事中的某些神话元素，的确与其他主题或形象存在潜在关联，但仍坚持美狄亚是一个需要具体分析的独立个体。与神话研究一样，这个问题难以解决，"真正的"答案很可能介于这两种立场之间——美狄亚既是一个个体，同时也从属于更广泛的神性观念。西方哲学传统会从原则上拒绝这种解决方案，但二元论思维并非解决此类问题的唯一途径。美狄亚可能是两者兼而有之，而不是非此即彼。

吸收与置换

即便我们接受"最原始的"美狄亚是位女神这一前提，也必须考虑到相关附加元素对其神话的重要影响。可能出现的情况是：同一故事的几条线索并行发展、相互交织，并且随着时间的推移，其他原初人物的故事在不断演变的过程中，逐渐与美狄亚的名字联系在一起。这一过程便发生在赫拉克勒斯和忒修斯的故事中，我们可以基本肯定，美狄亚同样对其他故事——那些与其核心故事存在某些主题关联的故事——造成了影响。这就构成了"美狄亚神话"的材料范畴，但不可忽略的是，在我们现存最早的资料来源被创作出之前，吸收、本质化、改编等过程便已经开始运作。因此，任何关于美狄亚起源的说法都必须保持悬置。有学者认为,美狄亚神话之所以复杂,是因为她 *supplanted* [**取代**] 了其他早期人物。威尔(Will 1955)指出,最初是喀尔刻帮助伊阿宋夺取了金羊毛。这可能也是瓦莱里乌斯·弗拉库斯(Valerius Flaccus)在其《阿耳戈英雄纪》(*Argonautica*)中提到的一个观点:维纳斯(Venus)决定帮助伊阿宋,她将自己伪装成喀尔刻,告诉美狄亚伊阿宋向她求助,并建议她给予回应。在这个故事的其他版本中,美狄亚在杀害阿普绪耳托斯后去找喀尔刻寻求指导,洗去罪孽。

关于起源问题,我们需要指出的最后一点是,伊阿宋与美狄亚都与治疗有关。就这一点可能存在一种关于医学的早期叙述模式,我们将在第四章中看到疗愈技术如何与魔法相关联。伊阿宋师从名医喀戎(Cheiron),麦基(Mackie 2001)便认为,伊阿宋最初拥有治疗能力,但美狄亚逐渐盖过了他的光环。麦基的论点虽然是推测性的,但发人深思。他提醒我们注意"伊阿宋(Jason)"这个名字,即代表"治愈者(Healer)",他同时提到早期诗人暗示了伊阿宋的医术,这也是喀戎许多学生所共有的才能。伊阿宋与美狄亚的故事可能因为这种联系而交织在一起,但麦基的论据难免含糊不清,因此很难深究。

从迄今为止的所有讨论来看,显然,我们无法回到那个最初的美狄亚;一些理论家也会说,无论如何都不存在"最原始的"

这种东西，因为每讲述一个故事，都会受到过去观念或当时环境的影响。美狄亚的起源是关于神性、社会以及身份的混沌思想，对此，我们将在后面的章节中进行更全面的探讨。如果无法找到一个构建线性叙述的起点，我们就必须寻找其他路径来整理和／或理解这个故事。因此本章其余部分将重点介绍将故事情境化并赋予其意义的不同方法。

民间故事

到目前为止，我们一直在讨论美狄亚的"神话"，那么引入小标题"民间故事"，似乎意味着我们将讨论另一种不同的故事类别。然而，情况并非看上去那么简单，因为"神话（myth）""民间故事（folktale）""传说（legend）"这些术语并没有确切的含义。它们可以通过多种方式来定义，因此，任何一个故事都可能从属于一个或多个类别，具体取决于个人判断。这些术语本身并未提供任何真正的帮助，因为正如我们前面指出的，"神话"一词来自希腊语muthos，意为"故事（story）"；同样，"民间"一词来源于日耳曼语volk，意为"人民（the people）"。因此，"民间故事"简单来说就是"人民的故事（story of the people）"。如果这些术语之间的关联如此密切，那么区别何在？

分析民间故事的方法源于19世纪格林兄弟（the Grimm brothers）的作品。他们根据口头流传的故事编撰了一本"民间故事"概略。格林兄弟发现，在许多不同的文化中都可以找到类似的故事，这引发了一场激烈的学术辩论，学者们纷纷试图阐释故事模式的反复出现。多年来，人们提出并发展了许多理论：一些理论家指出，这是从一种文化到另一种文化的传播过程；另一种相对观点则认为，反复出现的故事模式是精神"联结"的证据，即同一系列的故事中展现出人性共有的一套模式，可以说是一种类似于荣格原型理论（见第一章）的方法。这项工作最具成效的一个进展，便是系统汇编了可互为参照的故事类型。汤普森（Thompson）对阿尔奈（Aarne）最初的工作进行了补充，民间故事类型的标准教科书——《民间故事类型索引》（*The Types of the Folktale: A Classification and Bibliography*, *Thompson*, 1961）——由此问世。各种民间故事以其在目录中的位置进行归类，AT/AAT（"阿尔奈-汤普森"）510AB是"灰姑娘（Cinderella）"的故事，AT313是"帮手少女"的故事。

从这本汇编中可以明显看出，我们所熟知的许多"希腊神话"故事，在其他文化中也同样存在，因此可以合理地称之为"民间故事"。当然，希腊的确有强大的口述传统，但不要忘了，置于我们面前的"希腊神话"，是由特定观念塑造出的艺术品、文学或艺术构成的。那么，如果艺术家塑造了一个民间故事，这是否赋予了它更深层次的意义并将其转化为神话？同样是故事，我们称之为"民间故事"或称之为"神话"有什么本质区别吗？在这里，神话与民间故事之间的界限变得模糊不清，神话通常被认为需要具有某种特定的力量或目的，而这在民间传说中可能不那么显著。对此，汉森（Hansen 2002）试图区分这些类别，他所秉持的原则是："神话"与历史事件或重大问题相关因而更为严肃，并且一般附着于某个特定地点；民间故事则是"流动叙事（migratory narratives）"，可以适应并跨越社会、时代的界限。他继而指出，美狄亚是两者的相互交叠。在有限的篇幅内，我们很难对这一问题展开深入探讨，只能考察美狄亚故事中那些极易出现于通常称之为"民间故事"中的元素，旨在引出相似之处，从而使我们理解美狄亚故事的意义。

"帮手少女"

最引人注目的相似之处是 AT313 的"帮手少女（helper-maiden）"。在这个故事模式中，一个年轻女孩竭尽全力帮助一位英雄。女孩一般是英雄主角故事中的一个次要角色，往往拥有一个圆满的结局。她聪明伶俐，拥有宝贵技能，就像北欧传说中的"女主人（mastermaid）"一样。在希腊神话中，这一类型的典型例子是荷马《奥德修纪》第 6 卷中的瑙西卡（Nausikaa）。当英雄奥德修斯（Odysseus）遭遇海难漂流到斯克里亚（Scheria）时，瑙西卡发现了他；她为奥德修斯提供了实际帮助和建议，使他得以继续旅程。尽管瑙西卡并未嫁给奥德修斯，但文本中明确提到了她的婚事，暗合了"帮手少女"的故事模式。另一个著名的例子是阿里阿德涅（Ariadne），当忒修斯来杀牛头怪米诺陶（Minotaur）时，她帮助忒修斯通过了迷宫。在这个故事中，阿里阿德涅似乎获得了传统的"奖赏"——被忒修斯带走。但遗憾的是，故事并没有一个幸福的结局，忒修斯将她遗弃在那克索斯岛（Naxos）。当伊阿宋试图说服美狄亚帮助他时，阿波罗尼奥斯在《阿耳戈英雄纪》中对此有一个讽刺性的引用（第 3 卷，997 ff.）。他在文中引用阿里阿德涅作为美狄亚效仿的榜样，显然并没有意识到伊阿宋会像忒修斯一样抛弃他的"女帮手"美狄亚。具有讽刺意味的是，对于这首诗的读者来说，尽管阿里阿德涅提供帮助的结局并不如意，但在英雄伊阿宋那里，结局甚至更加糟糕。

在"金羊毛"故事的初始阶段，美狄亚显然属于"帮手少女"的范畴，毕竟，如果没有她的魔法技能，伊阿宋便无法完成埃厄忒斯设定的任务。然而，美狄亚故事的后续情节偏离了这一"航线",她不再是一个女帮手,而是凭借自身力量成为一个强大的人物。只不过,人物后期的性格特征往往会投射到神话的早期叙述中,因此美狄亚后期危险人格的种种迹象掩盖了其前期作为女帮手的职能。阿波罗尼奥斯的《阿耳戈英雄纪》便是这样,尽管表面上看,美狄亚帮助伊阿宋是女帮手的行为,但书中经常暗示她后期阶段的不祥之兆。

与美狄亚初始阶段相关的另一个明显模式是,年轻女子为了爱情离开父亲或背叛祖国。在关于希腊-罗马神话的讨论中,这种故事模式参考了塔尔皮亚(Tarpeia)的故事——据说她将罗马城出卖给了萨宾人(the Sabines),故有时也被称为"塔尔皮亚模式"(由布雷默[Bremmer]和霍斯福尔[Horsfall]讨论,1987)。美狄亚同样可以被描述为爱情的受害者,或是等待被赢得的"战利品"。不过,"金羊毛"的故事也体现出一些问题:在传统的故事模式中,英雄必须完成危险的任务才能赢得公主的婚允,而"金羊毛"故事的顺序正与此背道而驰。正如克劳斯(Clauss 1997, 157)所指出的:"通常民间故事的主题是年轻的英雄通过比赛赢得新娘,与此相反,征服美狄亚就是赢得金羊毛。"

"伊阿宋和美狄亚"的故事包含了许多主题,暗含了较多的民间故事范式。例如拉德马赫尔(Radermacher 1943)等学者在"金羊毛"的故事中看到的是"探险"模式；美狄亚有意或无意造成了孩子的死亡，这也与AT1119——食人魔杀死自己孩子的故事——范式存在一定关联；另外，魔法、异邦人以及飞行能力等较多细节也都存在于世界各地的其他故事中。毫无疑问，这之间有许多相似之处，但这些与民间故事之间的联系对我们理解神话有何意义？

汉森（Hansen 2002）在一本民间故事书的序言中写道："由于这些故事的形式往往是不固定的，每个文本都呈现出细节上的差异，从而以有趣的方式反映出它所处的文化、时间、场所，以及特定的叙述者、主人公、观众。"了解民间故事可以帮助我们探索神话在社会中的地位，使我们看到美狄亚神话如何显著地偏离了传统的故事模式。正如美狄亚自身打破常规那样，美狄亚故事本身吸引人们对故事模式加以关注，结果却同样颠覆了它："帮手少女"变为"祸根"；公主成为英雄成功的"助力"而非"奖赏"；女孩选择了丈夫背离了父亲，转而又对丈夫进行报复。对民间故事的理解凸显出了美狄亚形象真正的独特性。

民间故事、神话和"老妇谈"

对民间故事的研究也提供了一种不同的性别解读，从而增强了我们对神话的理解。无论创作、表演还是传播,文学传统都是由男性主导的,我们便从这种传统中获取到大部分材料。希腊文化中可能有很多民间故事,尤其是那些由女性讲述的民间故事都已经遗失。在接下来的章节中,我们将看到美狄亚故事的其他层面可能潜在地与女性、儿童相关,而在我们的接受传统中,这种潜在性并不十分明显。关于民间故事的近期研究本身已经表明,"男性学术"取代了传统上属于女性的叙述形式,并在材料中强加了一种"反女性"的偏见。美狄亚在民间故事的架构中被降级为"帮手少女"这一次要角色,可能也是出于男性偏见。另一种更为中立的观点则认为,美狄亚是她自己故事的核心,是她自身关注的焦点,而非另一个故事的"附属品"。我们将于第五章深入探讨这一问题。

结构主义

模式化理念将我们引向了结构主义的方法。从这一理论视角来看,我们可以通过研究构成要素之间的关系来理解美狄亚神话。反复出现的主题——杀害亲属、使他者重生或反复从某个情境中逃离,都是意义生成的关键。当我们注意到神话中的模式时,可以发现更多的相似之处,甚至还会察觉到与预期模式存在异常差异的情况。在结构主义方法的观照下,神话具有一个潜在系统,它可以帮助我们理解美狄亚的故事,并将其置于更广泛的希腊神话背景之中。

"结构主义"一词源于语言学研究,与"符号学(semiotics)"即符号研究这一更宽泛的领域相关。结构主义观念的核心原则是:单个元素(语言、图像、故事等)本身并不具有内在意义,只有当它们处于结构中,并与其他元素相结合时才生成意义(因此称为"结构主义")。对此,巴瑞全面介绍了结构主义原理(Barry 1996,39—60)。这种知识原则发展出一种纯粹的学术研究风格,即纯粹从形式、客观角度来分析语言或其他任何系统,从而寻找其中的结构。其中一个最具影响力的结构便是二元对立,即两个术语相互定义,涵盖了它们之间所有的可能性。因此,就"明与暗"而言,没有"黑暗"便没有"光明";就"上与下"而言,没有"下"便没有"上";等等。这种方法在研究希腊世界时极为有效,因为在那里,对照思维的观念极具普遍性,例如在种族身份的构建中,讲希腊语的人对应于"野蛮人"(不讲希腊语的人,字面意思是"说话巴拉巴拉的人")。同样,我们将于第五章再次回到这一问题。

列维-斯特劳斯

克劳德·列维-斯特劳斯（Claude Lévi-Strauss）首先将结构主义观念应用于神话领域，为不同文化中的民间故事类比提供了一种科学方法。在他看来，民间故事范式由许多重复的元素构成，这些重复的元素在与其他元素结合时生成意义；因此，像"海（sea）""鹰（eagle）"这些符号，在更广泛的背景下分别象征着"荒野（the wilderness）""神力（divine powers）"。列维-斯特劳斯将这些个体单元称为"神话素（mythemes）"（取自语言学用于描述最小声音单元的术语"音素［phoneme］"）。他在分析俄狄浦斯神话时将故事拆解为单独的元素，如"俄狄浦斯弑父"，然后将其与故事的其他元素放在一个近乎数学模型中进行比较。由此，美狄亚的故事也可以被看作是由许多不同的神话素构成，比如夺取金羊毛、弑兄、魔法师的各种行为及特性。

从最基本的层面来说，结构主义分析更多只是列举出神话的元素，勾勒出神话的结构，创建出一种共时分析（不考虑历史条件的分析）。尽管结构主义分析在阐明神话的特征方面相当有效，但该方法也同样存在问题。许多研究者认为，相较于语言学，结构主义神话学存在致命的缺陷。虽然我们可以接受诸如"p"这样的单个音素只有与其他音素组合时才有意义，但一个单独的神话素，诸如"鹰"这样的神话素本身毫无意义，就有些差强人意了。尽管结构主义声称其符合科学的论证标准和推论依据，但他们对神话的解读仍然是有限且存在争议的。

列维-斯特劳斯对神话学进行了概述，进一步对该领域作出了贡献。从某些方面来说，认为结构主义仅仅"应该"强调结构的明晰，是对结构主义观念的一种误读；列维-斯特劳斯更是提出了许多发人深思的神话学理论，其中一个最具影响的议题是：神话的基本结构是对社会紧张的一种回应，反映出了社会的潜在焦虑。他认为，我们可以剥离所有关于背景、来源的问题——如我们在上一章中所述，发现一个内在的核心结构，它会呈现给我们故事的 *true meaning*［**真正含义**］。因此，通过对美狄亚神话的解构（分解成各个组成部分），我们可以以此阐释社会张力的某些主题，如外来者、本地人与异邦人等。

鉴于本书的讨论范围，难以对结构主义方法展开更全面的探讨，不过我们将在后面的章节中提到其中的核心要素。在接下来的两章中，对素材的划分某种程度上要归功于对神话的结构主义分析，但我们并非一味坚持严格的边界和结构，以之作为"真正意义"的关键，而是以这些区分作为材料研究的出发点。

小结

关于起源、民间故事和结构主义的研究表明,人们寄希望于对神话进行分类并提供一种准科学的方法。因此,"神话"的一种定义或许是,它提供了一种"经验秩序(ordering of experience)":对于那些过于复杂、人类思维无法直接触及的问题,它为我们提供了思考、交流的范式和路径。就这一方面,本章探讨过程中的方法同样试图赋予神话以秩序,而这本身就已经是一个"排序"过程。列维-斯特劳斯甚至认为,结构主义对神话的解读,实际上只是所讨论神话的另一种变体;也就是说,学术分析并非处于神话外部的、客观的观察者,而是同一整体的其中一部分。

我们已经看到,美狄亚神话有许多层次,这些层次生成不同的阐释。即便最终对起源问题的探寻并不完满,但毫无疑问,美狄亚是希腊神话思想早期阶段的核心。不同文化中民间故事的相似之处进一步表明,美狄亚的故事触及了整个人类历史上反复出现的观念、恐惧或信仰,而若要勾勒这些观念并系统化地对其进行研究,结构主义理论便可为我们所用。

本章重点讨论了美狄亚神话的形成过程。接下来的两章将聚焦神话的主旨和内容，将其置于动态过程之中，介入与观众的互动，而非视其为需要聚焦起来加以批判性分析的一个客观对象。如果从神话的功能来看，某种意义上，神话可以说是一个"具有社会意义的故事"，一个故事如果要流传下去，必须服务于某种目的，而当一个故事流传了 2500 多年，我们自然会期待从它的核心之中找到一些颇为有效或极具影响力的方面。因此，在接下来的章节中，我们将探究美狄亚故事中那些极其有效地阐明身份认同观念的方面。紧接着，第五章将着重考察处于广泛共同体之下的个体的地位。

四、巫术、儿童与神性

在本章中,我们将聚焦几个世纪以来美狄亚故事中反复出现的三个特征。这三个部分都试图挖掘作为个体之人与生死这一重大问题之间的关联。美狄亚处于人性与神性的交汇处,这使她成为人类世俗生活复杂性的有力象征。尽管她拥有神力,却深陷人性之困——恋爱关系、爱护子女、忠诚和背叛等。神话故事可以阐明那些如果直接呈现,个体也许无法面对的观念,这样说来,神话可能具有一种心理学上的功能。很大程度上,古代世界中的个体是由其在社会中的地位来定义的。因此,神话的心理功能与社会功能之间存在明显重叠。本章与下一章构成并列,我们将在下一章探讨那些关于神话社会功能的主题。

巫术

在古代世界,美狄亚无疑呈现为一个强大的女巫形象,一个使用草药、咒语和先天魔力来达到自身目的的女魔法师。我们在第二章中已经看到,最早的文学艺术作品将她描绘成一个危险的魔法人物。美狄亚的力量并非微不足道——她可以驾驭自然之力,甚至可以通过返老还童来扭转生死大局。在本章中,我们将探讨美狄亚与古代世界魔法观念之间的各种关联。美狄亚作为一名魔法师,拥有许多不同的魔法传统和技艺,但她也可以说是魔法的受害者,尤其是爱情魔法的受害者,这是美狄亚神话中存在问题的一个典型特例。

女巫形象可以追溯到民间故事的各种元素,但"女巫(witch)"这一术语却是成问题的。"女巫"一词在英语中引申出了广泛的联想,却并不一定适用于希腊语境,希腊词汇中并不存在一个单独表示"女巫"的单词。因此,这一部分讨论将首先考察魔法、巫术的希腊背景,然后再对"女巫"一词及其与神话传统之间的关联展开广泛讨论。

药与歌

从基本层面来说,魔法和巫术意味着超出人类正常生存领域的能力或活动,即"超自然的(super-natural)",字面意思指"超越自然(beyond nature)"。在希腊世界,魔法既可以源于内在的超能力，也可以通过对特殊工具的掌握来获得。有的由于与神性相联系而具有与生俱来的能力，另一些则是通过知识习得了魔法。无论是在神话中还是在现实生活中，只要人们利用药草知识来实现各种效果，都可以说是在使用"魔法"。术语 pharmakis［**女巫师**］或 pharmakeus/pharmakos［**男巫师**］通常便用于这种语境；这个词后来发展为医学上的"药物（pharmaceutical）"一词并非巧合，因为在前科学时代，医学知识通常被视为是"超自然的"（参见劳埃德［Lloyd］，1979）。

  希腊神话中的许多人物都使用神奇药草来达到不同的目的。在《奥德修纪》中，海伦（Helen）使用魔法药液舒缓人们的愁怨（《奥德修记》，4），喀尔刻使用魔法药水将奥德修斯的伙伴们变成猪猡（《奥德修记》，10），还有赫耳墨斯向奥德修斯展示如何使用神奇植物"莫莉（Moly）"进行自我保护。如果说喀尔刻、海伦都与神存在关联，那么古代文学作品中的其他魔法使用者，使用的则是更为平常的方式——依赖于植物的魔法，而非魔法实践者不可或缺的天赋。这种魔法实践往往与女性，尤其是爱情咒语相关。在悲剧中，得阿涅拉（Deianeira）使用爱情毒药误杀了丈夫赫拉克勒斯（索福克勒斯在《特拉基斯妇女》［Trachiniae］中讲述了这个故事）；在欧里庇得斯的《希波吕托斯》（Hippolyous）中，乳母坦言使用爱情魔法帮助

43

了淮德拉(Phaidra);而在《安德洛玛克》(*Andromache*)中,赫耳弥俄涅(Hermione)怪罪安德洛玛刻使用药术致其无法生育(《安德洛玛克》,29—35,155—160)。在希腊诗人忒俄克利托斯的《牧歌》(*Idyll*,2)中,作者同样展现了斯迈塔(Simaithea)出于情欲使用法术,只为夺回自己的爱人。正如品达在《皮提亚凯歌》(*Pythian*,4.214)中所说,阿芙洛狄忒有意要帮助伊阿宋,因此美狄亚也可以被视为爱情咒语的受害者。而在阿波罗尼奥斯的《阿耳戈英雄纪》中,美狄亚更是遭到爱神(Eros)的猛烈攻击。我们将在第七章中对此展开进一步探讨。

女巫的观念并不局限于神话,也有一些围绕对巫术进行指控的法律案件,如德摩斯泰尼(Demosthenes)第 25 篇演说词《反阿里斯托革顿》(*Against Aristogeiton*,约公元前 330 年)中的案件,声称斯蒂利斯(Theoris)是一个**女巫师**(*pharmakis*),她使用毒药杀死了自己的家人(《反阿里斯托革顿》,79—80)。这个案例表明,社会历史议题与文学 *topoi* [**主题**]之间,存在许多重叠的领域。

美狄亚的用药能力是其魔法能力的核心,因此她具有一个 *pharmakis* [**女巫师**]的特质。采集魔法药草是索福克勒斯《切根者》(*Rhizotomoi*)的中心思想,另外,在奥维德对珀利阿斯之死的描述中,正是锅中加入的是毫无药力的草药,导致返老还童仪式的失败（《变形记》，7）。在希腊传统中，美狄亚往往与情欲魔法以及东方传统紧密联系在一起，毕竟一般来说，她的这种能力在亚洲地区最为强大。

药草的使用并不是人类实现魔法的唯一手段，咒语的使用也同样重要：在得阿涅拉和斯迈塔的案例中，便需要施行一系列重要的仪式来确保药物的功效。无论是在神话还是现实生活中，"语言"都可以说是一种强大的魔法工具。在神话中，我们容易联想到用琴声征服岩石的俄耳甫斯的力量，或是诱惑水手走向死亡的塞壬（Sirens）的歌声。历史上许多例子也表明，人们相信文字具有魔力，由此写下咒语或制造出附有文字的物件来施展魔法。我们可以看到现存的那些纸莎草、护身符，还有很多咒符，尤其是**捆绑咒**（在希腊语中叫作 *katadesmoi*，在拉丁语中叫作 *defxiones*）。从语言的层面来说，美狄亚同样能够以话术进行欺骗——欺骗周围的人，无论是她自己的家人还是珀利阿斯的女儿。因此，她的声音具有十分重要的力量。

神圣魔法

如果凡人可以习得魔法知识，美狄亚施展魔法则更符合她的神圣血统，以证实她与生俱来的超自然能力。据说她能控制自然力量,能控制天气、动物,同时具有飞行能力(尽管是在战车的帮助下)。在17世纪高乃依(Corneille)的悲剧中,美狄亚拥有一根魔杖、一枚魔戒,这也将她与"仙女(Faerie)"的形象联系起来。美狄亚神话的特殊之处在于,她能够造成精神伤害,这可以说是对她语言欺骗能力的一种补充。对此,最有力的证明来自阿波罗尼奥斯的描述——她如何通过投射邪恶之眼使塔洛斯摔倒并致其死亡(《阿耳戈英雄纪》,4.638—688)。这种力量是如此恐怖,以至于作者都表示震惊:

然后,美狄亚唱起咒语,呼唤灵魂蚕食者、哈德斯的迅捷猎犬凯瑞斯(Keres),他们游荡于整个天空,扑向活着的凡人。美狄亚三次用咒语恳求召唤,三次乞求他们的援助。她心向邪恶,用恶毒的目光对着塔洛斯的双眼施咒;她咬牙切齿,怒不可遏,在盛怒之下释放黑暗的幽灵。

宙斯啊,如果死亡的降临不仅来自疾病和创伤,也来自千里之外者的伤害,我的心将会因惊恐而战栗;即便是他——青铜巨人,仍屈服于巫术主宰者美狄亚的残酷力量,走向毁灭。

(《阿耳戈英雄纪》,4.1655 ff,亨特[Hunter]译,1993)

阿波罗多洛斯也给出了另外一个版本,即美狄亚可能在塔

关键主题

洛斯身上重复了珀利阿斯之死:"据说,她用毒药令其疯狂;而根据另一些说法,她承诺使其永生,却拔出他的钉子致使所有灵液流失殆尽,很快走向死亡。"(《书库》,1.9.26,哈德[Hard]译,1997)

返老还童

返老还童的神力涉及几个魔法主题。返老还童是民间故事中的一个主题,通常与魔法钵相互关联。人类学神话学家弗雷泽(Frazer 1922)将美狄亚对埃宋的返老还童与非洲仪式联系起来。西方传统中也有类似的故事,如14世纪《马比诺吉昂》(*Mabinogion*)中的威尔士传奇故事之拉萨尔·莱斯(Llasar Llaes)的魔法钵。在希腊 – 罗马文化中,返老还童有时与赫卡忒、厄里克托(Erichtho)等女巫联系在一起,或是与更典型的——封神后的赫拉克勒斯使年迈的伊俄拉俄斯(Iolaos)返老还童(如欧里庇得斯的《赫拉克勒斯的儿女》[*Herakleidai*]中所述)——这样的示例联系在一起。

美狄亚实施返老还童首先需要杀死被施与者,然后将其恢复为更年轻的模样。可以说,这不仅是一种返老还童的能力,甚至是一种起死回生的能力,因而也更加令人担忧:伟大的治疗师阿斯克勒庇俄斯（Asklepios）在复活他人时，便因逾越宇宙界限而丧生。在奥维德的《变形记》中，当伊阿宋乞求美狄亚将自己的部分寿数转移给父亲埃宋时，我们发现一个有趣的现象，即这一魔法过程的实现是相对的。美狄亚拒绝了伊阿宋的请求，并表示这样是不被允许的：

> 你的话可真是冒犯天神！
> 你以为我能够转移给另一个人
> 你生命的寿数吗？莫说赫卡忒
> 明令禁止；你这样要求既不正义也不公平。
> 但比起你的乞求，更大的恩惠，
> 我试图给予你；无须你的寿数
> 只需我的法术，使他返老还童
> 你的父亲年岁早已逝去，只要有她的帮助
> 三位一体的赫卡忒给予馈赠
> 伟大的事业便能繁荣昌盛。
>
> （《变形记》，7.166 ff，梅尔维尔［Melville］，1986）

美狄亚的确在割断埃宋的喉管后使他重获青春，她的能力令酒神巴克斯（Bacchus）都惊讶不已，他让美狄亚为自己的奶

妈们也施展同样的魔法。

魔法钵一般与超自然能力的阴暗面联系在一起，但正如伊斯勒-凯雷尼（Isler-Kerényi 2000）所说，这种关联也可以是积极而正面的。哈尔姆-蒂瑟兰特（Halm-Tisserant 1993）等学者便分析道，魔法钵既象征着女性的孕育能力，也与烹饪、文明等观念有关。然而我们应当注意到，在奥维德的描述中，是药草而非魔法钵起了作用。因此，容器并非制造神奇的本源。

多面"女巫"

女巫是民间传统观念的一个丰富来源。因此，我们在对巫术背景进行更广泛的分析后，再次回到此前对民间故事的探讨。纵观历史，女巫形象一直都具有巨大的魅力，因为她恰恰处于两种主流话语的交汇处：一种是对神性的关注，一种是对女性地位的关注。在父权制社会中，这可能是一个"爆炸性"的组合。关于这一主题，近期研究表明：女巫形象在整个历史上都是大众文化以及学术界塑造的对象。她可以被建构为女性气质的负面象征，即带有邪恶意图、引发恐惧的女性，可以被构建为女性能力或技艺的正面象征，也可以被构建为一个本质上打破不同社会类别界限的边缘人物。可以说，所有这些建构都适用于美狄亚的故事。

那么,我们今天将美狄亚描述为"女巫"时指的是什么呢?"女巫"这个词往往会带来难以被察觉的广泛联想。美狄亚是像《绿野仙踪》(*Wizard of Oz*)里的"西方邪恶女巫(the wicked witch of the west)",还是像《麦克白》(*Macbeth*)里具有预言性、操纵性的女巫?她是否应该以一种刻板形象呈现,戴着尖尖的帽子,拿着长长的扫帚,还是说她是男性对女性力量或女性性征感到恐惧的"替罪羊"?今天的男人会不会称她为"荡妇(witch)"而不是"女巫(bitch)"?

在许多文化中,女性尤其与自然联系在一起,时常被描绘成与天气一样狂野而不可预测。人类对敌对宇宙的恐惧,可以转化为男性对女性的恐惧,从而对女性产生憎恨、负面的刻板印象。其中,对女性的恐惧尤其集中在女性性行为上,无论是保护童贞的复杂程序还是对 *vagina dentata* [**齿状阴道**] 的心理恐惧——男性担心在性交过程中,女性会咬掉自己的生殖器官。作为一个可以控制自然力量的女性,一个既能重生又能生育,同时也能断绝男性后代的女性,美狄亚的故事自然触及了许多这样的恐惧。在欧里庇得斯的版本中,当她被伊阿宋拒绝时,她的行为至少部分是出于受伤的性自尊。与男性巫师、术士相比,女巫的形象背后蕴含着一套更为复杂的思想、价值观和偏见。

儿童

性与性别问题构成了女巫观念的一部分,这与美狄亚的能力所激发的恐惧有关,即她能够超越人类行为的常规界限,包括对家庭的爱。一般认为,她在逃离伊奥尔库斯的途中杀死了自己的弟弟阿普绪耳托斯,她自己的孩子也因其在科林斯的所作所为而死亡。尽管孩子的死亡存在许多版本,但最著名的版本是欧里庇得斯所讲述的故事,这一版本或许更接近神话的本质,即美狄亚为了报复伊阿宋的不忠而杀死自己的孩子。公元前431年这部戏剧上演之后,成为美狄亚神话生命中具有关键决定性的一幕,但美狄亚与孩子以及生育过程之间的联系,往往比戏剧情节呈现出的更为复杂。

许多学者着重从精神分析的角度来解读这个故事,将美狄亚视为一个蓄意弑婴者。这样的解读可能更多地反映出现代人的隐忧,而非古代世界对神话的理解。今天,我们可能会将杀害新生儿的一个原因归结为产后精神疾病,或是列出大龄儿童死亡的深层复杂原因,强加给母亲一种负罪感。这类事件在历史上是众所周知的(参见霍弗[Hoffer]与赫尔[Hull] 1984)。在英国,法院一般判定杀死自己孩子的女性都是精神失常的;与之相反,在美国，即便母亲似乎患有产后精神疾病，这种行为也往往被定义为谋杀。现代社会普遍将弑童视为最大的罪恶之一——看看"荒野谋杀案（the Moors Murderers）"或 2004 年别斯兰（Beslan）发生的儿童人质谋杀案所引发的恐怖吧。我们今天可能用美狄亚神话来谈论这种针对儿童的暴力行为，但它是否阐释了古代背景下的神话？在古代世界，我们可以看到修昔底德表达过类似的恐惧，他将杀害学童描述为伯罗奔尼撒战争中最大的暴行（《伯罗奔尼撒战争史》[*History of the Peloponnesian War*]，7.29—30）。然而，这并非一个直接的证据，奥尔文（Orwin 1994）便指出，这个故事的意义并不在儿童"本身"，而是雅典政治导致这种局势的发展。虽然神话的精神分析理论强调了人类关切的某种普遍性，但我们应当谨慎地区分现代解读与古代理解，尤其要关注古代神话产生的背景。例如科蒂（Corti）曾指出，美狄亚神话涉及社会对儿童的天然敌意，但并没有确凿的证据支撑她的这一说法。

弑童与社会

如果精神分析方法显得不合时宜，那么希腊、罗马世界还有另一种弑童的表现形式——弃婴，这也同样在美狄亚神话中得到反映。遗弃不想要的婴儿，从而免除父母直接杀死孩子的罪责，关于这一古老惯例仍存在较多学术争议。我们很难评估这种行为的频率,以及女孩而非男孩被遗弃的可能性。同样,在古代世界许多人患有不孕症,因此弃婴很可能被另一个家庭发现并收养。

然而,弃婴存在于一些神话中,这可能体现出一种社会焦虑。如果婴儿帕里斯(Paris/Alexandros)被杀,特洛亚战争本可以避免,但他的母亲选择了遗弃,帕里斯活了下来,回到特洛亚并最终导致这座城市的摧毁;俄狄浦斯被他的父亲遗弃以阻止神谕的实现,但他活了下来并如预言般弑父娶母;伊翁(Ion)的结局则是美好的,他的母亲在被阿波罗(Apollo)强奸后将婴儿遗弃,伊翁成年后与母亲重聚。虽然我们可以从古代弃婴惯例中找到这种故事模式的直接参照,但仍不能忽略民间故事范式,在西方最广为人知的是"丛林宝贝(Babes in the Wood)"的故事。正如儿童对被遗弃的恐惧,这种范式可能与一种心理学解读有关。不过,我们还应当注意到,在一定的社会历史时期,孩子无论是被接受还是被遗弃,都取决于父亲而非母亲的决定,因而美狄亚这一角色更难与之相提并论。

社会结构与生殖

这个问题与古代世界对生殖的其他担忧有着更紧密的关联。

一个男人应当有一个儿子来传宗接代,这个儿子会重视家族传统并继承财富,这一点非常重要。在许多希腊城邦中,婚姻的作用便是把一个女人提供给另一个家庭,*for the man*[**为那个男人**]生育子嗣:在欧里庇得斯的戏剧中,伊阿宋尤其感慨女性的这种作用(《美狄亚》,VV. 574 ff.),他希望可以通过一些新的手段拥有子嗣,这样便可以完全消除对女性的需求。如果女性并不始终被信任,那么男性也无法确认孩子是真正属于他的。因此,女性在家族延续中扮演着重要却又可疑的角色。

美狄亚则完全逆转了这一过程:她摧毁了伊阿宋的后代,使他的家族断子绝孙;同样,就男性继承人来说,她也因杀死自己的弟弟阿普绪耳托斯而断绝了家族中的父系血脉。在欧里庇得斯的故事中,美狄亚更是具有相反的力量,她甚至可以解释神谕,满足埃勾斯的求子心切。从某种意义来说,美狄亚通过返老还童等魔法技能,能够对生死实现超自然的控制;但从更简单的角度来看,她象征着女性创造生命的终极力量,这是男性传统感到恐惧并试图掌控的力量。

美狄亚与赫拉克勒斯

在赫拉克勒斯的故事中,我们同样可以看到杀死自己的孩子,从而掌控生死力量的模式。这位英雄同样杀死了自己的孩子,他俘虏了地狱犬刻耳柏洛斯(Kerberos),最终因起死回生的力量而成神。欧里庇得斯将这个故事改编成《赫拉克勒斯》,讲述了赫拉如何令赫拉克勒斯发狂,最终杀死了自己的三个儿子。一个古代陶瓶(图2)展示了美狄亚与赫拉克勒斯这两个人物之间的平行关系。这个红绘涡形双耳瓶约公元前340年于阿普利亚(Apulia,意大利南部)制造,用来混合酒和水。陶瓶画描绘了美狄亚与儿童教师(Paidagogos)在一座神庙内,两个孩子则坐在祭坛前,这似乎是欧里庇得斯所讲述的故事场景。祭坛右侧是赫拉克勒斯和艾瑞斯(Iris),可能反映了欧里庇得斯的戏剧《赫拉克勒斯》,艾瑞斯在剧中是赫拉的使者。场景左边是耐吉(胜利女神)、雅典娜与两个年轻人,右边是德墨忒耳与科雷(Kore)。最后这两个人物体现出瓶饰作为呈现"厄琉西斯之谜(the Eleusinian mysteries)"的整体意义——瓶身刻有"厄琉西斯神庙(Temple at Eleusis)"。尽管美狄亚通常与这些崇拜仪式并无关联,但"厄琉西斯之谜"却与赫拉克勒斯相关。在大众的想象中,对于这一系列有关生死强大力量的故事,美狄亚似乎都难逃干系。这个陶瓶画也可能与狄奥多罗斯·西库路斯讲述的一个故事版本有关,在这个故事版本中,美狄亚治愈了赫拉克勒斯的疯狂(《历史文库》,4.55)。我们可以由此推断，这两个人物都与一种观念有关，即儿童是通向永生的路途；那些干预生死过程之人，都是冒着失去孩子的代价，从而踏上永恒的通途。

图2：展现美狄亚与赫拉克勒斯在厄琉西斯的瓶画线描（Line drawing of vase showing Medea and Herakles at Eleusis）

弑童之魔

对于美狄亚这一角色而言,许多研究都强调了她与儿童之间不同层面的联系。约翰斯顿(Johnston 1995,1997)认为,这个故事应当放在儿童隐患这一广泛的传统背景下加以理解,而美狄亚正代表了传统的两面——最初作为儿童的保护者,后又成为他们的威胁。

在古代社会中,婴儿死亡率很高,于是这自然成为一个崇拜焦点。在希腊传统中,存在许多像恶魔摩耳摩(Mormo)、盖洛(Gello)或拉米亚(Lamia)这样的人物,都被视为对儿童的威胁。在其他神话传统中,有关儿童的故事远比我们在希腊-罗马神话中看到的要多得多。在凯尔特和北欧神话传统中,有腹中胎儿的灵魂纠缠他们母亲的故事;而在美索不达米亚神话中,也有恶魔抢夺婴儿的传说。在希腊神话中,一般不存在这种令人惶恐的话题,但或许,故事的更深层次并未呈现于文学艺术传统中。这种惶恐或许可以从克吕泰涅斯特拉的梦中看到——她在梦中产下一条蛇,然后被蛇咬伤(埃斯库罗斯[Aeschylus],《奠酒人》[*Choephori*],VV. 523 ff.)。

许多学者质疑与儿童之死相关联的要素,另外我们还应当注意到:美狄亚弑子不是因为他们是她的,而是因为他们是伊阿宋的。她将孩子认定为"伊阿宋的",于是,她杀死的孩子在那个时刻不是"她的(hers)",而是"她的敌人的(something of her enemy)"。同样,我们可能也不该将美狄亚的兄弟、同父异母的弟弟阿普绪耳托斯视为一个儿童,因为在神话的许多描述中,他应当是一个年长一些的形象。

神性与仪式

我们在试图描绘美狄亚同神与人之间的关系时,首先面临的问题便是:她究竟是凡人还是神?欧里庇得斯强调了她的凡人属性,或者更确切地说,是剧中美狄亚角色的凡人属性(详见第六章)。根据公元前2世纪古罗马历史学家、文物学家格涅乌斯·格利乌斯(Gnaeus Gellius)的说法,美狄亚在忒斯普罗提安(Thesprotion)有一座坟墓(fr. 9)。然而,赫西俄德在其《神谱》中将她列入神与凡人结合的谱系,这表明美狄亚主要是神。在一些传说中,美狄亚正如阿波罗尼奥斯·罗迪奥斯《阿耳戈英雄纪》中的赫拉预言所说,在极乐世界嫁给了阿喀琉斯(《阿耳戈英雄记》,4.810—815)。

也许,称美狄亚为"女英雄"更加合适,尽管这个词本身难以定义。在希腊世界,"英雄"一词包含了一系列可能的身份,主要指介于凡人与神之间的人物,一般拥有神圣血统或超越了死亡的界限,在后来成为人们崇拜的对象。而进一步的问题是,女性形式的"女英雄"在希腊语中似乎并不常见。值得庆幸的是,以莱昂斯(Lyons 1997)为代表的许多学术研究都试图解决这一问题。她在结论中对英雄与女英雄的地位作出如下判断:

> 凡人和神需要在对照中相互定义,而女英雄和英雄作为中间范畴,对两者而言都是必要的;因为对于一个颂扬人类成果的社会来说,英雄为人类社会所崇拜的拟人化神灵体系中的内在张力和含混敞开可能。希腊人知道神对他们是何等依赖,于是他们用神话来证明如此。
>
> (莱昂斯,1997,127)

美狄亚与诸神

从最早的时期开始,美狄亚就与许多神联系在一起。她是太阳神赫利奥斯的孙女,在科林斯与赫拉、阿芙洛狄忒有所关联(普鲁塔克《论希罗多德的恶意》871b)。美狄亚与阿芙洛狄忒的联系成为她与伊阿宋故事的其中一部分,而她与赫拉的联系则更为深远。赫拉掌控着婚姻和生育,与美狄亚掌管的领域有较多重叠。我们在上文已经提到,有学者认为美狄亚最初是赫拉的一个化身。美狄亚也与早期的神性观念相关,德墨忒耳/赫卡忒是母亲、大地女神,而赫卡忒作为月亮女神又进一步将美狄亚与阿耳忒弥斯联系起来。在一些故事版本中,埃厄忒斯收到一则神谕——他将被一个异邦人杀害;于是,他任命美狄亚为阿耳忒弥斯的女祭司,负责杀死异邦人。我们将于下一章阐释这个主题。

美狄亚在神界的地位没有固定模式,古典时期的艺术作品也并没有强调她与奥林波斯诸神之间的联系。在主流叙事之下,美狄亚凭借一己之力成为一股强大的力量。事实上,科瓦茨(Kovacs 1993)已经指出,欧里庇得斯的戏剧中明显缺乏众神的参与,美狄亚只是声称自己是宙斯的正义使者。作为一个从未因一般意义上的犯罪和/或渎神行为而受到惩罚的人物,美狄亚似乎处于古希腊信仰的边界之外。

美狄亚与赫卡忒

尽管如此,美狄亚还是与赫卡忒——一位在希腊信仰中地位模棱两可的女神——有着密切关联。赫卡忒最初似乎是一位以黑暗、负面属性著称的多面女神。在最早的文学资料赫西俄德的《神谱》中，赫卡忒因天赋而受到称赞，并被称为年轻人的保护者（《神谱》，404—452）。她的其他特点则关乎婚礼、马术和竞赛等。

约翰斯顿（Johnston 1999，205—211）认为，赫卡忒最初是卡里亚（Caria）的一位女神，她在那里守护着城市，其职能范围变为门神、守护神，并延伸到更广泛的宇宙角色。其他学者则将赫卡忒与早期的母神、大地女神相联系。在古典及后来的传统中，赫卡忒与凡人的生死穿越产生交集，并且成为一个与魔法、死亡有关的暗黑之神。在奥维德的《变形记》中，美狄亚便向赫卡忒以及青春之神祷告，以求释放死者的灵魂（《变形记》，7.234 ff.）。在希腊神话中，赫卡忒的故事逐渐将她与那些更古老、更阴暗的神灵关联在一起，而这些神灵则与新的奥林波斯诸神相对立。古老的神与新的奥林波斯神之间的冲突成为"巨人之战（Gigantomachy）"神话的主题，埃斯库罗斯在戏剧《欧墨尼得斯》（*Eumenides*）中所呈现的新旧两种形式之间的正义–复仇冲突，便是这一主题的延续。在瓦莱里乌斯·弗拉库斯对伊阿宋"夺取金羊毛"的叙述中，美狄亚恰恰处于赫卡忒与奥林波斯诸神的交会处，赫卡忒为美狄亚的离开感到难过，维纳斯则吹嘘赫卡忒的力量无法与自己匹敌：

赫卡忒的可怕力量

我们无所畏惧:无论她出现还是企图

阻挠我们的目标,甚至她会为

我们帮助的阿耳戈船长,热情激荡。

(《阿耳戈英雄纪》,7.202—204,斯拉维特[Slavirt]译,1999)

围绕美狄亚的意象也将她与赫卡忒联系起来,因为月亮、野兽、火都是关于这两位人物图像学观念的一部分。虽然这并不是古代文献特别关注的一个话题,但我们不应将"女巫"是一个老妇人的观点,代入到我们对美狄亚的理解之中。具体来说,我们留意便会发现,艺术作品中的美狄亚被描绘成一位美丽的年轻女子,而非一个好战的女巫。虽然古代世界确实将道德良善与外在之美紧密关联在一起,但作为赫利奥斯的孙女,美狄亚的神圣地位保证了她的美貌,而我们对文学资源的依赖可能会掩盖这一事实。此外,当她在科尔奇斯遇到伊阿宋时,已经到了适婚年龄,我们可以假定其年龄符合希腊文化中大多数女性结婚的正常年龄——14岁到19岁。尽管在科林斯事件发生时,她已经是一位年长的已婚妇女,但也肯定不属于"老妇人"

范畴，而是处于大多数希腊社会视为极其危险的"性与生殖成熟期"的年龄阶段。

仪式

我们主要从叙事资源中推断出美狄亚与神圣领域之间的必然联系。只不过，这些神是神话之神，不一定是信仰之神。如果我们转向社会历史背景，会发现仪式是希腊宗教经验的基石，而在这一背景下，美狄亚的故事可以更直接地被解读为起源性神话，用以阐释仪式背后的观念。就这一方面而言，她在信仰中的角色更多地要归功于其边缘性地位，而非与某个神或女神存在的任何明确关联。欧里庇得斯笔下的美狄亚，成为科林斯异教赫拉-阿卡瑞亚（Hera Akraia）的创始者，其他古代作品则将科林斯的异教崇拜视为一种赎罪仪式——美狄亚之子的死亡。可以说，美狄亚被视为一位奠基性的女英雄，一个预言、象征新共同体创立的神话人物，一项拜神所赐的功业。这可以看作是一种更广泛的趋势，即将美狄亚与"入门仪式"的故事联系起来的其中一部分。这种仪式在希腊世界很常见，它们为人类生活的过渡提供了符号表征，例如分娩、成人地位的确立等。跨越任何边界都存在潜在危险，在西方社会，这种观念仍然体现在新郎抱新娘过门槛的传统中：如果新娘被绊倒，那么这桩婚事就会遭遇厄运。同样，分娩对孩子和母亲来说都是一个危险时刻，并且在希腊社会中，成人地位的获得往往涉及一种"考验"的思想，即便只是象征性的，也会强化一种观念——处于边界极易遭受攻击。"夺取金羊毛"可能是美狄亚所促成的伊阿宋的"成年（coming of age）"仪式。而与分娩的联系则将其置于另一个特殊边界，她的返老还童能力同样如此。格拉夫（Graf）认为，美狄亚的故事可能起源于创始仪式的背景，但随后被许多希腊文化所采用，因为人们发现她的故事有助于为他们自己的仪式提供支撑：

如果美狄亚可以从泛希腊神话中抽离出来并用于仪式起源——她可能与这些仪式有着某种最初的渊源，但总体来说，她早已远离了这些仪式——那么这只能说明一件事：希腊古风和古典时期的神话创造者能够看到（或者更确切地说是意识到）这种紧密性，并将其用于新的起源性叙述。当一个与仪式没有任何关联的"纯"故事摆在他们面前时，故事的总体结构就足以暗示一种仪式。

（格拉夫，1997,42）

在整个艺术传统中,祭祀的观念唤起了与仪式相关的联想。阿普绪耳托斯的肢解是祭祀仪式的一种倒错,珀利阿斯的死亡同样也是如此,仪式实践被有意留待完成。在欧里庇得斯的《美狄亚》中,当美狄亚用献祭仪式的套路杀死自己的孩子时,警告歌队要保持距离,以保证"献祭"的纯粹性:"那些认为不应当参加我这祭献的人尽管走开!"(《美狄亚》,VV. 1053—1055)

小结

美狄亚作为一个游离于边界的人物,表征着人们对自身生活有限性的恐惧。她是边缘性的,不仅在自己的故事中穿梭于不同文化、不同社会之间,扰乱了"正常"的家庭生活模式,同时在存在的层面上也处于凡人与神之间。她在不同类别之间游走,有时是危险的女巫,有时是一位与孩子们有所牵绊,但又能够与之相抵抗的母亲。她有时是一个拥有神力的暴力人物,却又受制于人类生活的悲欢离合——她挣扎于家庭关系,却又无家可归。简单地称其为"女巫",便低估了美狄亚神话角色的复杂性。尽管这些复杂性大多源于不同的出处和变体,但在其所有故事中也存在这样一个内在悖论:她同时代表了不同的思维方式和行为模式。例如,伊阿宋的背叛导致她杀死了自己的孩子,这时的她处于一段凡人关系中,作为一名女性而受制于男性权力;但她的反应却僭越了社会界限:她使用一定程度的暴力、一系列的魔法力量,这些都是处于相同处境之下的普通女性难以企及的。即便作为一个"女巫",美狄亚也无法被轻易归入任何一类特定的魔法形象:她与一系列观念联系在一起,从药草的使用到语言的魔力,并且与奥林波斯诸神以及更古老、更幽暗的神灵存在渊源。

本章的讨论揭示了一系列相互关联的观念,正是这些观念促成美狄亚女巫形象的构建,尤其将之与死亡相关联。在下一章中,我们将探讨更多与个人及其在社会中的身份观念更紧密相连的议题。

五、种族、性别与哲学

通过叙事相关问题以及事实建构，我们现在转向一系列议题，它们在古希腊社会历史中有着更为特殊的背景。可以说，美狄亚的故事构成了交互讨论的场域，尤其是在那些与身份认同相关的领域。正如我们在第三章中所言，希腊社会一般以二元对立模式来界定"成人"这一角色。具体来说，公民是希腊人而非异邦人，是男性而非女性，是自由的而非被奴役的。在上一章中，我们已经看到美狄亚如何处于各种概念的交会处，尽管她事实上是一名异邦女性，但仍然在希腊语境中发挥了男性力量。从社会层面来说，种族与性别是身份问题的核心，但美狄亚面对自身处境的态度则引出更进一步的问题——现代观众可能会称之为"心理认同"的形成。美狄亚，这一"女性策划者(She who plans)"，有时会在故事中呈现出矛盾的自我意识、社会角色的含糊不清，并发起一场自我内部的辩论，这同时也激起一些外部论争。因此，我们将于本章探讨希腊社会中自我形象的基本问题,并进一步延伸到对人的本质的哲学思考。

种族

美狄亚故事的其中一个方面,便是对外来者的恐惧,这一点可以通过上文提到的结构主义方法进行探究。根据结构主义的分析,美狄亚是进入希腊世界、打破希腊人与非希腊人界限的一个异邦人。当我们纵观历史,会发现女巫形象始终离不开"异化"这一话语,对未知的恐惧自然会导致对某些社会因素的妖魔化。因此,女巫历来与那些不同于主流文化的地域或种族联系在一起。在古代,女巫传统上与特定地域联系在一起,这些地区处于已知世界的边缘,如塞萨利(Thessaly)、亚洲(Asia)。而到后来的社会,巫术逐渐被归于边缘空间,如莎士比亚《麦克白》中的荒野,或是一些完全虚构的地方。这种空间认同可以看作人们精神危机的一种外在表征——在精神领域不被容纳的东西,便在现实领域将其移除到一个遥远的地方。在早期神话中,科尔喀斯位于世界的边缘;弥涅墨斯便指出,埃厄忒斯城位于海洋边界,环绕世界的大洋标示了城市的外缘(fr.11a)。古希腊人通过贸易联系接触到这里,该地区是物质交换、文化交流以及故事流传的沃土。然而,它并不是一个众所周知的地理区域，对未知的恐惧由此形成一股强大的力量。狄奥多罗斯·西库路斯便将其转移到科尔喀斯人身上，他给出了一个故事版本：埃厄忒斯将所有异邦人置于死地，而作为阿耳忒弥斯女祭司的美狄亚负责这项任务，但却试图拯救外来者（《历史文库》，4.46）。这与欧里庇得斯《伊菲革涅亚在陶洛人里》（*Iphigeneia in Tauris*）中的主题相似，剧中伊菲革涅亚同样也是阿耳忒弥斯的女祭司。这一故事类型为种族仇视提供了相应的阐释：希腊人害怕外来者会戕害他们，而"外族人（foreigners）"却认为希腊人极其危险。

我们可以从美狄亚与米底人之间的联系中看到：当时的人们试图通过建立一个结构来理解外来者，并在自身的"精神地图"中对他们进行定位。希罗多德（Herodotus）在《历史》中说，"当科尔喀斯人美狄亚从雅典来到这里的时候"，阿里亚人（Arians）更名为米底人（《历史》，7.6.2）；赫西俄德也提到美狄亚之子美狄奥斯是"伟大的命运（the great destiny）"。尽管在其他神话故事中，祖先可能非常重要，但从前文看来，无论美狄奥斯是伊阿宋之子还是埃勾斯之子，并无太大区别。雅典与其他文化之间的联系尤为复杂，因为雅典人坚信他们土生土长于阿提卡半岛的土壤。

在希腊世界，种族话语是身份建构的核心。尽管个体高度忠于他们的城邦国家，但"他们"和"我们"、希腊人和非希腊人之间依然存在着明显的区别。欧里庇得斯的戏剧不仅强调了男女性别问题，同时也强调并混淆了边界问题本身。伊阿宋告诉美狄亚，她能生活在希腊是何其幸运，这彰显出希腊人强烈的文化优越感；而美狄亚却对伊阿宋的"希腊"行为嗤之以鼻，认为其根本上是不道德的。该剧于公元前431年首次上演时，距离雅典颁布限制公民权的法律仅20年。公元前451年，伯利克里公民法规定：只有当父母双方都是雅典公民时，其后代才能被视为雅典公民。这项法律使外来身份的妻子不那么受欢迎，同时使"非雅典人"与"非希腊人"的观念变得同等重要。在这一背景下，美狄亚控诉伊阿宋娶了一个"野蛮女子"到头来感到羞愧（《美狄亚》，591—592），有着特殊的时代共鸣。

我们将于最后一章中进一步看到，一个有趣的现象是：像这样可能具有希腊、雅典特定指向的种族认同问题，也是现代神话诠释的一个重要主题。

性别

我们在前面的章节已经提到，无论是结构主义分析将女性描绘为"他者"，还是女性与生殖过程之间的联系，美狄亚的性别都是其作为神话人物的核心。本节试图联合其中的一些线索，指出我们如何以"性别中立（gender-neutral）"或相反的方式来解读美狄亚。"性别中立"这一术语旨在阐明文本或讨论背后性别观念的运作，尤其试图纠正以往学术研究中存在的偏见。西方传统中的神话解读大多由男性主导，并与性别观念相关，在这种相互作用之下，男性价值观较女性价值观更占优势。

在我们继续讨论之前，先来概述一个重要的术语区分。在关于性别关系的论述中，往往存在术语的混淆，即个人的"生理性别（sex）"与他或她的"社会性别（gender）"并不相同，尽管有许多论述将两者视为同义词。两者的区别在于：个体的"生理性别"是指生殖能力意义上的生物学范畴；"社会性别"则是社会通常赋予生殖能力的一系列属性和行为，但这些属性、行为并不以任何天然或必然的方式与生殖能力挂钩。因此，在现代英国社会传统中，男婴身着蓝色，女婴身着粉红色，这其实就是性别化的表现——色彩搭配并没有天然依据。而就美狄亚来说，她在生物学上拥有分娩能力，并且符合许多"女性特征（feminine）"的行为模式，所以她的生理性别是"女性"，然而，她采取暴力复仇的行为更多与男性性别相关联。因此，就如何为性别身份划定界线，美狄亚再次"以身说法"。

美狄亚与男人的交往是其整个故事的核心，尽管许多叙述都提到她确实有一个妹妹名为卡尔喀俄珀。瓦莱里乌斯·弗拉库斯的《阿耳戈英雄纪》提到一个令人动容的场景:科尔喀斯家族的妇女们哀叹美狄亚的出逃,而美狄亚的母亲则呼喊着阻止她(《阿耳戈英雄纪》,8.140 ff.)。在保萨尼亚斯的转述中,美狄亚除了一个儿子美狄奥斯外,她还为伊阿宋生了一个女儿,名叫埃里奥皮斯(Pausanias 2.3.9 = Kinaethon fr.2)。保萨尼亚斯记载,优麦洛斯叙述了美狄亚出于对赫拉的尊重而拒绝了宙斯的求爱,这说明她具有建立女性关系的能力。而在欧里庇得斯的戏剧中,她更是利用孩子们的引诱,赠送一件昂贵衣饰作为礼物来杀害年轻的公主,这些手段一般都被视为女性的弱点。

尽管美狄亚存在于一个强大的女性传统中,但只有在与男性的比较关系中,她的力量才最能够显现出来。美狄亚可以说是一个可怕的"他者"。在父权制社会之下,主流男性气质一般是通过"排异性"的过程来界定的:正如没有黑暗就无法理解光明一样,男性也相反地被定义为"非女性"。这种精神导向不仅将女性降至次要地位,而且还附带了各种负面含义:如果男性被定义为坚强、勇敢,那么女性必然被定义为软弱、怯懦。这种区分背后的人为属性不容忽视,并且在一个女性受压制的社会里,男性对女性的恐惧是较为常见的。对于古希腊世界而言,这种恐惧便是担忧女性爆发,甚至做出可怕的事情,于是,女性往往与自然界、荒野的危险相关联;有关婚姻的图景也是这样,雅典人的婚姻公式是"为了合法的孩子,驯服一个女人"。在这样一种男女角色截然区分的社会背景下,神话中的女人是"女性"这一事实,便意味着故事是以某些假设和价值判断为出发点的。因此,本书开卷抛出的"美狄亚是一名女性,这重要吗?"这个问题可以毫无疑问地回答:"非常重要。"只不过,美狄亚故事中那些将女性视作"他者"的方面,似乎挑战了传统对女性的假设。其中,欧里庇得斯的版本尤其如此,他笔下的美狄亚对于女性能力似乎拥有一种冷静的视角:"女人对一切都感到恐惧,面对战争和刀剑心惊胆战;但是当她们在爱情上受到侮辱时,没有什么比女人更残忍!"(《美狄亚》,263—266)

许多研究都聚焦于美狄亚作为女性代言人的地位,但由于篇幅所限,我们在此仅概述其他章节可能尚未言明的一些主要方面。

表演者的说辞

古代戏剧世界是以男性为主导的,希腊社会更是男性专属的社会,雅典悲剧和喜剧的演员、制作者以及绝大多数(如果不是全部的话)原始观众都是男性。因此,当我们看到像欧里庇得斯笔下的美狄亚这样一个强大的女性形象时,我们不应忘记——"她"仍然是由男性创作出来的。古雅典不允许女性在公共场合表演,也不允许她们在法律案件中自我辩护。另一方面,人们普遍认为,女性实际上是娴熟的表演者,她们会像埃斯库罗斯《阿伽门农》中的克吕泰涅斯特拉那样,伪装自己的意图而欺骗所有人。由此,在古代世界,男性身上那些值得称道的技能,在女性身上往往被视为一种负面特征。而美狄亚是一个自始至终都演技精湛的人物:在《皮提亚凯歌》(*Pythian*, 4)中,作者将发言权和控制权赋予其笔下的美狄亚,正如布拉斯韦尔(Braswell 1988)所概述的,叙述者品达后撤一步,美狄亚成为整个事件的导演。同样,在欧里庇得斯的戏剧中,美狄亚能够扮演不同的角色以实现自身的目的,正如她使克瑞翁(Creon)信服自己是无力而脆弱的,而一旦从克瑞翁那里获得让步,她就立即切换回自身的主导地位(《美狄亚》,364 ff.)。

泽尔巴(Zerba 2002)指出,"演员"美狄亚总是在扮演一个对自我表现有所意识的角色;伊拉斯莫(Erasmo 2004, 123—124)同样认为,美狄亚在塞涅卡的戏剧中成为行动的导演,并且意识到伊阿宋是她的观众。在她的整个故事中,从念出魔咒,到更华丽的说服技巧,美狄亚尤其通过言语控制着各种事件,这也是与其姑姑喀尔刻所共有的天赋。希腊语中对魔法师的其中一个称谓是 *goês* 或 *goétés*，字面意为"恸哭者（a wailer）"，指的便是语言的力量可以实现超自然的壮举。女性在传统上与哀怨联系在一起，而美狄亚实际上却是造成他人悲叹的始作俑者。而就言语修辞而言，我们却习惯将伊阿宋描绘成一个优秀的"演说家"，即依靠其修辞能力而非蛮力来达成目标，因此男女之间的对立其实是复杂的。伊阿宋与美狄亚之间的关系，也可以构建为不同言辞、交流模式之间的对立。

对于现代观众而言，美狄亚的自我展现引发了有关性别观念的讨论，特别是朱迪斯·巴特勒（Judith Butler 1990）关于"性别扮演"的观点——性别是我们所扮演的一个角色。尽管这是一个现代观念，但这种观念也可以找到一个古代类比，那就是"戏剧表演"的概念；早在雅典悲剧之前，狄奥尼索斯便与性别转变联系在一起。而在整个希腊世界，男孩的"成人礼"通常是暂时假装女性，接着脱掉女性着装，开始自己的男性身份。一些学者也表明，古代戏剧涉及角色扮演以及僭越正常的社会行为准则，因此其本质实际上是女性化的。

女性主义解读

女性主义从根本层面上号召人们意识到性别建构的人为性，

尤其意识到我们仍然生活在一个由男性主导的父权制社会中。从这个广义的角度来看，许多批评策略都可以被称为"女性主义（feminist）"，当然他们可能不会欣然接受这个标签。如果我们从这套基本原则出发，便会发现许多不同的"女性主义"可能相互冲突，提出的问题各不相同。例如，当一名男作家在今天写美狄亚时，他会写些什么？亨特（Hunter）、艾略特（Elliott）或马斯特罗纳德（Mastronarde）等评论家都是男性，了解这一点重要吗？他们当中有人能声称自己理解美狄亚吗？抑或他们被雄性荷尔蒙搞得晕头转向（正如上一代女性批评家被认为受到荷尔蒙的限制那样）？作为一名女性，我是否有什么特别的资格（基于生活经验的观念）能够理解美狄亚，或是放弃自己的女性视角，选择在男性主导的学术文化中生活、工作？如果在一个男性主导的社会里，语言本质上是一种男性工具的话，那么我还能站在真正的女性角度说些什么吗？古典学研究传统上一直都是男性的"领地"，因此，我们需要意识到这种传统的力量（参见 Rabinowitz 和 Richlin 1993）。在本节中，我们便要探讨那些与父权制社会主流观念相对抗的尝试。

下面一个示例可以展示我们在关注性别问题时能够发现的问题。我们来看看欧里庇得斯《美狄亚》中的一段话，这段话是传报人台词的一部分，描述了克瑞翁的女儿对美狄亚

送来的礼物感到万分喜悦,却不承想这些礼物会招致自己的死亡:

> 她随即从梳妆台前跳了起来
> 那双雪白的小脚在房间里踱来踱去,
> 为她的礼物而得意,一遍又一遍地,
> 姿势招摇,从头打量到脚。
> 这时,突然发生了可怕的景象。
> 她变了脸色,站立不稳,
> 身体不住发抖,想方设法才
> 倒在床上,没有倒在地下。
> (《美狄亚》,沃尔顿和汤普森译,2000,1163—1170)

沃尔顿(Walton)将这句话翻译为"姿势招摇,从头打量到脚",在希腊语中字面意思是"看向她直伸的肌腱",通常指的是跟腱。有趣的是,艾伦·艾略特(Alan Elliott 1969)在评论这段话时,表现出了有关性别问题的某种意识:"男性学者(其中一些是单身汉)多年来一直在讨论这个问题,但对于'她到底在干什么?'并没有给出一致的答案。最合理的解释是:她踮着脚,望向落在她身边和身后的裙摆。"(Elliott 1969,

96）这一评论并非性别中立的，反之，似乎体现出一种性别偏见意识；这意味着艾略特作为一个已婚男人（如其在第140页"致谢"中所述），相较于那些早期的未婚批评家，自认为对女性心理、行为模式有着更为深入的洞察力。这听起来似乎是一个合理的命题，但很多观点也指出，婚姻是一种控制女性的父权制度，而男性从婚姻中获得的任何对女性的理解，最终都是有缺陷的、偏颇的。此外，婚姻能让男性更好地理解女性的行为，这种说法本身就是男性控制女性这一框架的一部分，而理解她们的行为只是胁迫女性的另一种工具。对于那些阅读该剧原文的读者来说，艾略特的观点在许多方面仍然属于极佳的评论，但一位男性评论家竟然骄傲地炫耀自己的已婚身份，从而宣示他对美狄亚的处境有着更为深入的了解，这一点极具讽刺意味。

女性主义策略对美狄亚故事的解读始于这样一种观点——她因古代社会否定女性身上的某些特征而被诅咒，并且在任何犯罪行为发生之前，这种性别关系便已经开始运作。作为一个聪明、智慧的女性，美狄亚必然会引起人们的反感。不过，许多解读则从积极的角度对美狄亚进行了重新诠释。卡西尔（Cahill 1995）重述了这则神话，认为美狄亚实际上可以使她的孩子们重生，从而减轻了其谋杀的污点。其他解读则强调美狄亚作为一名受害者,而非恶人的地位,如克里斯塔·沃尔夫(Christa Wolf)指出,在男权社会的严格限制之下,她别无选择,唯一合理的选择就是杀死自己的孩子。尽管这些观点有助于我们辨明那些经常代入文本的潜在假设,但在运用这些观点时应当谨慎;我们并非要简单地颠倒对立,否则,"女人坏,男人好"就会自动转变为"女人好,男人坏",这同样是一种扭曲的性别关系观。

还有一些对美狄亚神话的阐释强调了一种父权制结构,这种结构将美狄亚纳入其中,并将其行为视为对男性行为准则的违背。父权制社会传统上赋予男性以权力,这一事实导致了一种不言自明的观点——男性与一切善良、光荣以及美好的事物关联在一起。因此,任何对男权制度的挑战都理所当然是不善的、不体面的、不美好的(借用 George Orwell 的观点)。如果我们试图挑战男性准则的道德优越性,美狄亚可以被视为一个正面的形象典范。与其将她看作一个能力、智慧都值得怀疑的"帮手少女",不如视她为一个拥有自身权利的英雄,把她当作男人一样赞美她的才华。在欧里庇得斯的戏剧中(《美狄亚》,1081 ff.),当歌队质问男性诗歌传统置女性于不利地位时便是如此。

当然,在整个神话和历史中,女性都可以声称自己被剥夺了发言权以及公平的申辩权,但美狄亚并不是那么容易就能恢复为一名女性偶像的。即便我们脱离父权制社会来看,无论女性如何辩解,弑子行为在道德上可能仍然是可憎的。在这一点上,我们就需要来看看美狄亚没有直接责任的其他故事版本。正如科林斯人可能为了摆脱罪责而贿赂了欧里庇得斯那样,我们也可以说,美狄亚性格中的弑婴污点,其实也是男性社会强加给一个原本正面的女性形象的。有一些学者则提出,早期母系社会具有强大的传统,梅特兰(Maitland 1992)就这一观点讨论了悲剧神话,但他得出的结论是——这种情形微乎其微。

让我们再次回到男性对女性的恐惧这一观念上来。就像分娩会产生恶魔一样,社会同样会制造对女性的恐惧。美狄亚的性格特征,其对魔法、智慧、权力的运用等,在这些落入男性主导模式——男性是好的,女性就必须是坏的——之前,都可以视其为中性的。作为一个兼具男性和女性特征的人物,美狄亚"非常值得我们冥思苦想":她抛出问题,却没有提供简单的答案。但正如下一节所述,对美狄亚也可以从更抽象的层面加以深入思考。

哲学考察

正如美狄亚的故事可以引发民族以及性别认同议题一样,

它也可以用来探讨个体内部的精神冲突。在欧里庇得斯的戏剧中，当美狄亚最终选择杀死自己的孩子来报复伊阿宋，我们可以从中看到这部剧对个人所面临的两难困境的戏剧化演绎。当美狄亚在她对孩子们的爱以及复仇的欲望之间苦苦挣扎时，这种内在冲突便爆发了（《美狄亚》，1019 ff.），最后在第1079节以这样一句台词结束："我的愤怒已经战胜了我的理智。"（愤怒＝希腊语 *thumos*，理性＝希腊语 *bouleumata*，也可译为"计划"）有学者认为，第1055—1080行的台词是出于词汇表达、舞台表演的限制而插入其中的。尽管存在相当大的争议，但无疑在古代和今天都产生了影响。

关于"作出选择"这一哲学思想，美狄亚体现出的内在冲突被用作各种各样的案例（迪隆1990）。它可以用来阐释 *akrasia*［**意志薄弱**］的概念——缺乏自律，同时也被许多古代哲学家用来探讨心灵如何处理相互冲突的欲望，尤其是在柏拉图的"灵魂三分"模式中。由于赫卡忒在《迦勒底神谕》（Chaldean Oracles）中的角色与"宇宙灵魂（Cosmic Soul）"有关（参见约翰斯顿1990），因此，美狄亚与赫卡忒之间的联系同样将她与后来的哲学、宗教思想关联在一起。《迦勒底神谕》是用六音部长短格写成的一系列有关神学、宇宙论及秘术仪式的文献，据说由"通神师"朱利安（Julian）作于公元2世纪，可以说是对神话汇编的晚期补充；神谕赋予赫卡忒作为不同世界的中介这一核心角色，这与美狄亚在凡人－神之间的边界地位有着巧妙的联系。另外，在后来的传统中，比如在塞涅卡的戏剧中，美狄亚在斯多葛派的分析之下，成为需要加以控制的非理性激情的化身。纽曼（Newman 2001）认为，这一传统可以追溯到更早的故事："欧里庇得斯的《美狄亚》有关原始龙神，它冲击了希腊的理性，分裂了其净化过的世界。"（《伊利诺伊古典研究》[Illinois Classical Studies]，26:58）在这一解读下，美狄亚的形象由她与蛇、太阳神以及女性之间的关联而产生，成为一个几近寓言式的人物。

这些联系在某种程度上可能是相关的，但从哲学角度看，我所感兴趣的事实是：这些对哲学推进至关重要的论争可以集中到同一个 *female*［**女性**］神话人物身上。这不同于公元前4世纪演说家引用悲剧中的女性人物来阐明观点。相反，女性具有复杂的心理过程这样一个基本观念，似乎与亚里士多德在《论动物的生成》（*Generation of Animals*）中强烈表达的观点相悖，书中表明：女性是"未发育"的男性，因而天然服从于男性更强大的理性力量。美狄亚神话却表明，也许古代关于女性智力低下的泛论是错误的。在古代，姓名是至关重要的，美狄亚这个与希腊语动词"沉思、密谋或计划"相关的名字，与讨论精神控制本身联系起来当然并非巧合。

小结

美狄亚当然不是普通的希腊人，但正因为她表现出了希腊社会所认为过度的、不可取的行为特征，我们由此可以更好地理解希腊社会的规范及价值观。与此同时，美狄亚的故事不断挑战着一种想当然的假设——我们可以在什么是可接受的、什么又是不可接受的之间作出明确区分。将美狄亚视为一个犯下可怕罪行的未开化的外来者，证实了希腊人对野蛮人的优越感；而美狄亚在许多情形下都能战胜大多数希腊人的能力，则表明野蛮人可能在某些方面独具优势。我们也可以在神话的性别关系中看到类似的模式。当这些社会悖论与美狄亚陷入自决斗争的哲学层面相结合时，我们看到了一系列故事，这些故事在不同层面上发挥作用，并涉及许多古代社会关于自我定义的基本问题，而这些问题至今仍与我们有关。

六、欧里庇得斯的神话版本

71　　在前面的章节中,我们讨论了神话的可塑性,指出了美狄亚故事的几个不同版本在希腊世界共存的方式。在本章中,我们将讨论神话发展的一个转折点——欧里庇得斯神话版本的出现,使希腊-罗马世界中其他所有关于美狄亚的描述都黯然失色。

悲剧中的美狄亚

公元前5世纪,美狄亚的几个人生片段登上了雅典的戏剧舞台。悲剧的上演是雅典一年一度春季"城市酒神节(City Dionysia)"上祭神活动的一部分。三位剧作家被选中,分别展演三部悲剧,每部悲剧后面紧接着是一出羊人剧。由于每个剧作家都努力通过故事创作来打动观众,因此他们之间的相互竞争促进了与神话素材的鲜活互动。在众多以美狄亚为主角的戏剧中,只有一部幸存至今——创作于公元前431年的欧里庇得斯的《美狄亚》。此外，通过一些片段和推测，我们也了解到其他几部与神话发展相关的版本。埃斯库罗斯的《狄奥尼索斯的奶妈们》（*Nurses of Dionysos*）似乎提到了作为对狄奥尼索斯的恩惠，美狄亚用魔法使奶妈们恢复青春。我们应当注意，这部戏剧将重点集中于珀利阿斯那一段情节，可能反映了早期的主流艺术传统。索福克勒斯的《切根者》同样认为美狄亚是一个神奇人物，这个标题是指她能够从植物中提取有魔力的药剂；他的《科尔喀斯妇女》（*Kolchian Women*）也以美狄亚的家庭、出生地为中心展开。公元前455年，欧里庇得斯创作出了《珀利阿斯的女儿们》（*Peliades*），讲述了珀利阿斯死于美狄亚之手的故事；同时，索福克勒斯和欧里庇得斯都创作了名为《埃勾斯》（*Aigeus*）的戏剧，极有可能都是以美狄亚抵达雅典，或是后来忒修斯前来认父时美狄亚试图将其杀害的故事为主要内容。这些戏剧的遗失，使我们无法充分理解作为悲剧女英雄角色的美狄亚，但在公元前5世纪的雅典，似乎并不存在一个单一的、刻板的美狄亚形象。

欧里庇得斯的《美狄亚》

该剧以科林斯为背景，在珀利阿斯遇害后，伊阿宋和美狄亚带着他们的两个儿子一起到那里寻求庇护。戏剧一开场，我们便从美狄亚的保姆那里得知：伊阿宋娶了科林斯公主，美狄亚感到悲痛欲绝。随着剧情的发展，我们看到美狄亚决定向伊阿宋复仇，而只有杀死他们的孩子，才能像伊阿宋伤害她那样加以报复。尽管美狄亚作出这个决定万分痛苦，但她最终还是杀了自己的孩子以及伊阿宋的新婚妻子。戏剧结束时，美狄亚带着孩子们的尸体到其祖父赫利奥斯的战车上。她将前往雅典，到了那里，国王埃勾斯答应给予庇护；她留给伊阿宋一个预言：他将孤独终老，最后被那已经腐烂的"阿耳戈号"船体上坠落的船木砸死。

女性特质

我们从该剧的第一幕便知道，美狄亚是一个危险的人物。她的保姆讲述着她那极度的悲痛，并担心她会将自己的愤怒转嫁到孩子们身上。当我们听到美狄亚从台下发出的哭喊声时，保姆的担忧也在加剧。（《美狄亚》，112—114："你们这两个被怀恨的母亲生出来的东西。最好和你们的父亲一同死掉！"）美狄亚还在剧中提醒人们注意她曾为伊阿宋犯下的罪行（《美狄亚》，166—167），这也使我们想起故事中另一个较早的情节，即美狄亚为了伊阿宋杀害了自己的兄弟阿普绪耳托斯。美狄亚性格中的暴力在剧中是一以贯之的。她自己也强调了这一点,声称当所有女性在感情上受到侮辱时,都会采取暴力。(《美狄亚》,256—260)

雅典社会对于男性和女性行为特征持有刻板印象,其中,女性应该是脆弱无力的;由此,美狄亚企图通过身体手段在报复中取胜,这在雅典观众看来是一种男性特质。原本使用魔法和毒药杀害公主会被视为一种女性特质,但在欧里庇得斯的戏剧中,美狄亚成为这种女性力量与男性身体力量的结合体。对于如何报复,她最初的想法是公然挑衅:"我是该潜进去烧毁他们的新房,还是用剑刺进他们的胸膛?"(《美狄亚》,376—385)而最终,她用宝剑杀死了自己的孩子。

男–女二分是欧里庇得斯塑造其核心人物的基础。起初,美狄亚展现为一个深陷于情感问题的女性形象。伊阿宋讥讽她说:"你们这些女人都一样,沉迷于性无法自拔。"(《美狄亚》,569—573)在雅典观众看来,美狄亚欺骗、操纵周围人的能力同样也是一种负面的女性特质。她一方面沉浸于母子之间的身体联结,表现出对儿子们强烈的母爱(《美狄亚》,1069—1075);另一方面,她可以杀死自己的孩子,否定了希腊社会中女性作为儿童天生守护者的传统地位。她的行为是如此可怕,以至于原先支持她的妇女歌队后面都转而反对她。她的罪行是多么令人发指,连歌队都无法找到一个与其相似的案例;她们唯一能拿来与之相提并论的,只有误杀了自己孩子的伊诺。(《美狄亚》,1282—1288)尽管歌队成员曾否认拥有孩子的乐趣(《美狄亚》,1081—1115),但美狄亚的行为却是极端的,是对女性身份的否定。一些学者甚至声称,美狄亚在毁掉自己孩子的同时,也摧毁了自己的女性地位。

欧里庇得斯将美狄亚刻画成一个兼具男性身体暴力与高智商特征的形象,与一种高度女性化的描绘构成对比。美狄亚充满智慧,于是科林斯国王克瑞翁决定将她驱逐出境时坦言:"你是个聪明的女人,这使我感到恐惧。"(《美狄亚》,282—291)对于希腊观众来说,女性拥有过人的智慧不仅是件坏事,而且是非正常的。[1] 欧里庇得斯的戏剧展现了一个兼具男性和女性特质的美狄亚,美狄亚也因之愈发危险。在一个性别角色被规定、被限制的社会里,如果个体超越了其性别可被接受的行为界限,就会受到谴责、令人感到恐惧。这一事实意味着,不论美狄亚过去的行为如何,或是她对伊阿宋的报复计划如何,对于雅典观众来说,欧里庇得斯笔下的美狄亚本质上都是一个

---

[1] 亚里士多德在《政治学》中简明扼要地阐述了这样一种观点:男性比女性拥有更伟大的智慧,就像人类比动物拥有更高的智力一样。(《政治学》,1254 b 10—14)

危险的女人。

对于观众而言,剧中科林斯女歌队的行为方式可能同样不符合女性特征,挑战了性别刻板印象这一事实。即便美狄亚计划杀死伊阿宋和科林斯公主,她们也支持美狄亚的复仇欲望,同时焦虑地谈论着生儿育女是否真的能为女性带来满足感。(《美狄亚》,1081 ff.)女歌队同样抗议女性受到诗人们的诽谤(《美狄亚》,416—430),认可美狄亚的名言"宁上三次战场,不生一个孩子"(《美狄亚》,250—251)。这一论断直接涉及希腊世界性别关系中的一种决定性意识形态——男性身份由参与战争而建立,女性身份则通过婚姻、生育过程而建立。这种观念经常作为女性主义解读希腊悲剧、文化的出发点。正是因为男性被视为保护者,女性被视为受保护者,美狄亚将战争与生育相提并论的危险论断,是对这一观念的直接挑战。

我们或许会因这句名言,而将美狄亚视为欧里庇得斯塑造出的一个女权主义者原型,然而在此之前,我们应当结合这句话在剧中以及雅典社会中的背景。剧中,美狄亚对女性生育磨难的断言,部分是为了博得歌队的同情及其对复仇计划的默许。正如她在整部剧中的许多言论一样,我们不应"照单全收",而可以将其理解为一种蓄意的操纵和欺骗。这里便存在一个悖论:当美狄亚试图引发人们对女性命运的同情时,她同时也表现出一种典型的行为——欺骗,这正是希腊人对女性持有负面刻板印象的一种行为特征。在这一广泛的社会背景下,我们也要知道,希腊悲剧的受众即便男性不是全部,也占绝大多数,可以说那是一个重视男性远高于女性的社会。当然,生育在古代的确是一件危险的事情,但如果一个女人断言生育比参战危险三倍,那则是荒谬至极。此外,观众很可能认为美狄亚的言论是极具侮辱性的。希腊人的男子气概是建立在军事才能与荣耀之上的,将其与生育混为一谈,这种诋毁足以令人震惊。现代观众可能会将美狄亚的言论视为积极的战斗口号,但当时的观众可能会感到惊愕,甚至感到被冒犯,他们对美狄亚的看法可能在戏剧一开始就变得严肃刻板、充满敌意,这也影响了他们对整部剧的反应。

凡人与神

到目前为止,我们一直在探讨作为一名凡人女子的美狄亚,无论她试图与科林斯女歌队结盟,还是消除克瑞翁的恐惧,都同样适用这一定义。然而,在这部剧中,美狄亚的凡人属性仍然是值得讨论的。我们已经看到,在先前的神话版本中,美狄亚拥有较为突出的神性谱系。作为赫利奥斯的孙女,她来自一个拥有许多魔法神力的家族;她的父亲运用神力阻止伊阿宋盗取金羊毛，美狄亚也同样使用魔法来帮助伊阿宋。

欧里庇得斯的版本探索了凡人与神的界限，为这则神话增添了一层特别的复杂性。这一版本首先明确呈现了美狄亚性格的边缘性，成为该神话后来发展的一个重要焦点。美狄亚在剧中的一个显著特征是，她将男性与女性的性格特质都表现得淋漓尽致。在希腊宗教中，神将凡人的特性发挥到了极致，由此，美狄亚性格中的过激之处可以视作神性的标志。另外，在古代世界，一个人物兼具男性和女性能力同样是非自然的，一定程度上也可以被视为神性的象征。正如我们在第五章中所论，在现代社会，我们越来越认同这样一种观点——性别界限某种程度上是由社会人为制造出来的；而在前5世纪的雅典，性别界限被认为是天然的。因此，任何像美狄亚那样大胆打破性别界限的人，都会被视为非自然的、接近神性的。

在剧中，美狄亚的神力一开始基本上被她自己所隐藏。随着剧情的发展，我们看到她能够在一件衣服上下毒来杀死公主，直到最后被她的祖父太阳神赫利奥斯救出，才更多地了解到她的家庭背景。我们可以发现，美狄亚与其祖父的关系，成为剧中成功描绘出的唯一一组支持性家庭关系，而该剧的最后一幕更是引发观众不禁思考：美狄亚是否真的像她所声称的那样，曾是一个无助的凡人？她那极高的智力，那兼具男性和女性特质的能力，那为了复仇宁愿牺牲个人情感的意志，所有这一切在古代观众看来，都可以说是美狄亚并非凡人的标志。欧里庇得斯对神话演变所作出的一个重大贡献，便是提供了这样一个强大的例证——凡人与神不必像结构主义二元对立模式那样直接对立，而可以是一个统一体的一体两面。

凡人与神一体两面的另一个方面，便是戏剧结尾处提出的正义问题。美狄亚宣称，是伊阿宋违背了结婚誓言，因此，当他提出复仇时是站不住脚的。（《美狄亚》，1391）因为这并不是像雅典惯例那样可以解除的一纸普通婚约，而是伊阿宋从科尔喀斯带走她时，宣誓过的正式忠诚誓言，受到誓言守护神宙斯·霍基奥斯（Zeus Horkios）的亲自监督。美狄亚将自己描述为正义之神的代理人，一个像神一样的暴怒者，而非一个寻求个人复仇的凡人女子来对伊阿宋实施报复。美狄亚告诉伊阿宋，她将成为他家庭的"诅咒"。（《美狄亚》，608）歌队也呼喊道，屋里有一个"暴怒者"。（《美狄亚》，1260）当然，伊阿宋并不认可美狄亚的神授权威，他在剧末大声疾呼：杀害孩子将会得到报复，美狄亚将会因其行为而受到惩罚。

在此，我们看到了美狄亚神话中最成问题且最令人担忧的一面：尽管她犯下了如此多的暴力行为，这些行为在整个希腊世界都会遭到谴责，但她从未受到任何直接惩罚。她背叛了家人、杀害了兄弟后逃离了科尔喀斯；骗过珀利阿斯的女儿们、杀死她们的父亲后逃离了伊奥尔库斯；杀害自己的孩子后逃离了科林斯；还将在企图谋忒修斯失败后逃离雅典。我们将在下一章中看到，这是罗马诗人奥维德所探索的一个极其微妙的故事要素，正是欧里庇得斯戏剧的最后一幕，赋予这一问题最有力的表达。美狄亚出现在太阳神战车上，被置于高高的 *mechane* ［**舞台升降机**］上——公元前5世纪的悲剧便用这种机械装置将众神带到舞台上。这种空间排列再清楚不过：美狄亚不再是凡人，并由此引出她是否曾为凡人的问题。美狄亚犯下如此可怕的罪行却得以逍遥法外，观众只能得出两个令人心悸的结论：要么美狄亚是神，神会来到我们中间，用野蛮的暴力报复我们犯下的罪行；要么美狄亚是凡人，凡人的罪行有时却不会受到惩罚。

人们有时会说，欧里庇得斯的戏剧所传达的信息或力量源于它的告诫，即凡人女子是强大的，一旦受到轻视便会作出极端反应。然而，最初的观众是否会将美狄亚视为一名普通凡人女性，以及是否会将她的故事解读为一种简单的人类方程式，这些都是有待怀疑的。我们当然也可以将这个故事解读为性别关系之下的潜在警示，但神与凡人之间的互动更加意味深长。

这部戏剧积极探索了美狄亚神话中的固有矛盾，但并没有给出简单的答案。在欧里庇得斯笔下,美狄亚的行为轮番展现出女性、男性特质,可以说她是凡人,也可以说她是神,或者介于两者之间,这取决于我们所思考的是戏剧的哪一部分。欧里庇得斯的伟大成就在于,他从希腊神话中提取一个复杂的人物,并将所有这些复杂的、经常相互矛盾的特质浓缩到一个戏剧人物身上。在本章的最后,我们将更深入地探讨 *mythopoesis* [**神话创作**]过程,包括欧里庇得斯对神话的不断重塑,及其向雅典观众呈现美狄亚故事时所面临的问题。为了结束美狄亚在剧中角色的讨论,我们不妨探讨一下有关"同一性"的问题,来看看欧里庇得斯是否已经成功揭示出了美狄亚神话的本质。

同一性

亚里士多德在《诗学》(*The Poetics*,1454 b)中讨论最理想的悲剧时告诫剧作家:他们塑造的人物性格应当保持同一性。希腊语中的"性格(character)"字面意是一枚邮票或商标,这意味着性格是固定、附着在你身上的东西。事实上,我们可以从安提丰(Antiphon)《关于谋杀希罗底斯案》(*On the Murder of Herodes*)的辩护词中了解到希腊法律中的一个原则,即通过召集足够多的品德见证者来宣誓你不可能犯下被指控的罪行,是一种正当的辩护途径,因为这种罪行与你已知的稳定性格构成矛盾。柏拉图、亚里士多德等哲学家认为,性格可以变得更好或更坏,但常识性的观点似乎是——你就是你自己。

伯内特(Burnett 1973)和诺克斯(Knox 1977)等学者指出,美狄亚在追求英雄式的复仇模式方面是始终如一的;而另一些学者则认为,即便粗略地阅读欧里庇得斯的《美狄亚》,也可以知道欧里庇得斯并没有塑造出前后一致的人物性格,美狄亚表达出一系列相互矛盾的观点,更是在她决心杀死自己的孩子时进行了一场激烈的内心斗争。在戏剧一开始,我们便听到美狄亚在台下悲恸激昂的哭喊声,然而当她出场时则平静自若,掌控着争辩,操纵着女歌队。而到了戏剧的结尾,我们看到的是一个远比之前场景中更超然、更强大的美狄亚。我们或许会指责欧里庇得斯是一个不称职的剧作家,但在此之前,应该回到亚里士多德接下来所强调的论点:如果同一性无法达成,那么这个角色就应该"始终如一地不同一"。这也是我们解读欧里庇得斯笔下人物的一种方式。美狄亚变化多端,难以预测,甚至连最了解她的伊阿宋也未能预见到她所带来的危险。她的好朋友埃勾斯同样没有意识到她全部的复仇计划;尽管瑞翁有一些洞察力,但认定她不可能在一天之内做成任何事情。美狄亚挫败了周围所有人的预期,这一能力可能是她神性的某种体现,这种模式也由此赋予了她性格上的某种同一性。

然而，我们可以进一步探讨欧里庇得斯是如何参照早期神话来塑造其笔下的人物的。关于这部剧，近期大量研究都指出界定美狄亚性格的重重困难。就我们的研究目的而言，其中两种方法最有助益，它们表明了欧里庇得斯如何回应并塑造了演变中的美狄亚神话。

首先，伯德克（Boedeker 1997）认为，对于那些试图理解剧中美狄亚这一角色的观众而言，部分阻碍在于其他角色未能成功地定义美狄亚。在对这部剧的分析中，伯德克发现，其他角色都试图找到合适的意象来形容美狄亚：从动物意象（美狄亚是一头母狮，《美狄亚》，189），到与岩石、海洋等无生命物体作比较（《美狄亚》，27—29），再到伊阿宋最后的呼喊中称之为"比斯凯拉还要糟糕"的怪物（《美狄亚》，1132—1133）。可以说，美狄亚从来没有遵循任何一种模式，所以她仍然是众多形象中难以捉摸的那一个，即便像安提戈涅、克吕泰涅斯特拉这类女性形象，她们的故事也会引发类似的问题，但美狄亚仍然独树一帜。就这一方面，苏尔维努-因伍德（Sourvinou-Inwood 1997）也指出，美狄亚不断地被重新诠释为"好女人""坏女人""正常女人"等不同图式，却始终从未被希腊社会试图强加给她的任何一种结构所禁锢。

当我们试图理解欧里庇得斯在继承神话传统的同时又如何

回应这一传统时,这些阐释都有所裨益。一方面,戏剧创作技巧具有迷惑观众的效果,往往带有特定的目的。然而,这也可以说是对美狄亚神话的一种复杂回应,一种试图使其形象具象化的尝试——不是据其行为固定其形象,而是接受一个"混乱"的美狄亚。欧里庇得斯或许已经明白,不能通过简单的结构或描述来理解、鉴赏美狄亚神话。我们要想理解神话的意义,就要承认人类用于解释、界定世界的常规手段并不总是恰如其分的,有时不得不接受我们无法理解的事实:美狄亚神话中的固有矛盾只能被接受,而无法被调和。因此,在戏剧创作过程中采用特定的戏剧构成技巧,可能暗示了对神话本质的一种更广泛的哲学探索过程。

演员美狄亚

然而,在欧里庇得斯的美狄亚与美狄亚神话之间,还存在其他的关系构成方式。在泽尔巴(Zerba 2002)看来,如果从戏剧本身的语境来看,美狄亚性格中的非同一性尤为重要。观众在界定美狄亚时所面临的困难,也正是剧中其他角色所经历的困难。美狄亚是一个如此娴熟的"骗子",以至于包括观众在内,没有人可以确定他们"见"过真正的美狄亚。观众或许只能得出这一结论——美狄亚是一名专业操纵者。

古典学界广泛接受了这一解释，但泽尔巴将论点进一步推进，指出美狄亚是一个完美的演员，能够随意扮演不同的角色。她认为，美狄亚对周围人的操纵表现出一种自觉的"演员素养（actorly aplomb）"：她扮演了一系列不同的身份，就像一个演员戴着不同的面具一样。泽尔巴表明，欧里庇得斯在他的《美狄亚》中创造出了莎士比亚戏剧主人公的原型，这些主人公，如最具代表性的哈姆雷特，都表现出性格以及行为的复杂性。根据泽尔巴的分析，剧作家欧里庇得斯与其笔下美狄亚的行为之间具有密切关联，这迫使观众去思考戏剧和现实的本质，这一行为可以被称为"元戏剧（metatheatrical）"[1]。因此，当我们研究神话的任何一个版本时，也要看到语境阐释的重要性，尤其是在处理像希腊悲剧这样具有自觉性和创新性的体裁时，重要的不仅仅是故事细节，传播媒介也同样重要。

美狄亚与雅典

正如前一节所述，欧里庇得斯的版本作为面向特定观众的

---

[1] "元戏剧"一词由莱昂内尔·阿贝尔在《悲剧与元戏剧——戏剧形式新说》（L. Abel, *Tragedy and Metatheatre. A New View of Dramatic Form*, New York, 1963）中提出。在阿贝尔看来，该术语指的是那些突出生活戏剧性的戏剧。后来的评论家也认为，"元戏剧"指自我参照的戏剧，旨在令观众注意到戏剧表演的人为性。

戏剧作品，无论对于确定剧作家的意图，还是该剧融入神话演变过程的方式，其地位都极为重要。因此，本章最后将更加详细地探讨该剧在雅典戏剧传统中的地位，全面分析公元前5世纪雅典人对美狄亚神话的理解。

我们若要分析美狄亚在希腊人，尤其是在雅典人想象中的地位，首先需要解决的问题便是：欧里庇得斯究竟对他所继承的神话传统有何贡献。麦克德莫特（McDermott 1989）等学者认为，欧里庇得斯是让美狄亚为报复伊阿宋不忠而杀死自己孩子，从而承担直接责任的第一人。（9—24）另一些学者如迈凯里尼（Michelini 1987）则指出，这一方面的创新来自更早的剧作家涅俄佛隆，欧里庇得斯只是在遵循，并没有发明一种新的变体。马斯特罗纳德（Mastronarde 2002）在著作中对这些论点进行了全面总结，甚至直接引用了涅俄佛隆的作品片段，他得出的结论是：涅俄佛隆更可能创作于欧里庇得斯的戏剧之后，而并非之前。（57—64）

鉴于欧里庇得斯的戏剧对后世的影响，我认为这极有可能是他自己的原创，或者至少是他首先明确展现了人物转变所产生的后果。他笔下的美狄亚发展成为一个复杂的心理角色，突显了人性中的基本关系。欧里庇得斯擅长深入人类心灵的幽暗深处，现代读者想到美狄亚的激情与复仇，可能更多的是来自欧里庇得斯的戏剧本身，而非神话的任何深层"含义（meaning）"。

但是，我们还是要进一步思考这出戏剧失败的原因。无论是欧里庇得斯当年演出的其他作品的质量，还是演出当天的天气状况等，都可以说导致了该剧的失败。雅典观众可能对这位强大的女性感到惶恐，或者他们对希腊人与野蛮人要素的相互交织反应不佳。一些学者表明，最初的观众会认为美狄亚是一个未开化的野蛮人，因而并不会将美狄亚的故事与他们自己的生活直接联系起来。佩奇（Page 1938）在评论该剧时便表达出这样一种观点。但这些评论可能更多地体现出他自己的殖民主义观点，而非最初的表演状况。相反，以诺克斯（Knox）为代表的大多学者认为，最初的观众——不仅是希腊人，而且是雅典人——很可能直接受到这个故事的影响。我也认同这一观点。尽管霍兰德（Holland 2003）最近指出，故事的焦点是对科林斯王室、艾俄洛斯（Aiolos）家族的遗传性诅咒，但他还是不断提及关于雅典人的观点。在整部戏剧中，美狄亚被周围人视为希腊女人；甚至连伊阿宋也告诉她，她能够变成文明人是何其幸运。尽管美狄亚有时也会因地位低下而惹人注意，但她举手投足之间都表现得似乎已经完全融入希腊社会。而且，她距离成为一个"荣誉的雅典人"仅一步之遥。

对于雅典观众来说，剧中埃勾斯这个角色可能是故事中最令人不安的元素。这位雅典国王表现得极富同情心，但也许并不睿智。斯菲罗埃拉斯（Sfyroeras 1994）有力地指出，埃勾斯在剧中就像一个"代理观众（surrogate audience member）"。他为美狄亚提供庇护，为她提供了一条去往雅典的逃生之路，从而使雅典成为整个可怕谋杀事件的同谋。这可以说是对雅典大肆吹嘘的美德——为所有来者提供庇护——的一种讽刺，但这一观点却难以获得竞赛评委的青睐。许多资料都曾正面表明，雅典成为当时的一个避难所，例如公元前 5 世纪末至前 4 世纪初的作家色诺芬（Xenophon）便在他的《回忆苏格拉底》（*Memories of Socrates*）中，将雅典称为"压迫受害者的避难所"（《回忆苏格拉底》，3.5.10）。

我们或许会以此断定：欧里庇得斯的美狄亚是一个仅仅针对特定受众的政治、心理问题而塑造出来的人物。但在此之前，我们必须考虑最后一个维度，即我们前面论及的美狄亚角色的戏剧性问题。欧里庇得斯的戏剧是一场视觉盛宴，它成为许多陶瓶画的灵感，这些瓶画不断展现出美狄亚在太阳战车上的形象。图 3 便是如此，我们将于下一章讨论这幅图片。这是一幅视觉冲击强烈的图像，可以与早期悲剧中任何一个伟大的戏剧场景相媲美——哪怕是埃斯库罗斯《阿伽门农》中对克吕泰涅斯特拉谋杀丈夫后登台的描绘。或许，欧里庇得斯一直试图将美狄亚定义为"最坏的女人",从而挑战克吕泰涅斯特拉在戏剧中的"王者"地位。因此,在欧里庇得斯的剧中,美狄亚的极端性也可以解读为剧作家的一种尝试,即超越以往版本中的邪恶女性,从而改变美狄亚在神话等级中的地位。我们应时刻牢记,个人性的神话不是孤立存在的,可能会受到其他故事的多方面影响。此外,剧作家对戏剧必然律的考虑也会对故事的成功产生重大影响;亚里士多德在《修辞学》(*Rhetoric*)中称,卡耳喀诺斯(Karkinos)写了一出悲剧《美狄亚》,但由于孩子们在演出过程中离场,所以未能控制戏剧张力。(《修辞学》,2.23.28)

小结

欧里庇得斯在面对神话时,对美狄亚进行了复杂却又引人入胜的刻画,以其艺术力量以及微妙之处而对后世产生了深远影响。他的戏剧涉及一系列广泛问题,其中,性别、种族和死亡等问题相互关联,生活中的这些重大问题却并没有简单的解决方案。作为一部在特定环境下为竞赛而作的戏剧作品,该剧也向我们展示了神话在公元前5世纪雅典的接受。另外,欧里庇得斯神话版本的持久声名表明,他已经理解了美狄亚故事的一些本质特征，这便与我们在本章对该剧的深入解读不谋而合。在下一章中，我们将看到美狄亚神话的发展如何在相当大程度上归功于欧里庇得斯的版本，以及这一情节如何成为美狄亚整个故事的缩影。

七、关于神话的"神话":从希腊到罗马

在上一章中,我们看到了欧里庇得斯如何创作出一个动机明确的美狄亚,其笔下的美狄亚在后来所有版本中占据主导地位。美狄亚的故事在 21 世纪初最著名的版本,便是嫉妒的女人杀死了自己的孩子;然而距离欧里庇得斯的戏剧版本年深日久,美狄亚神话早已发生了一系列惊人的变异。西方文化是通过罗马文化的阐释来了解希腊悲剧的,因此本章将探讨美狄亚神话所经历的一些演变阶段。

本章将按照大致的时间顺序推进,但并不是为了描述美狄亚形象的历史演变。相反,是为了说明两点:首先,通过研究不同艺术作品对美狄亚形象的呈现,深入领会前文第三章至第五章中所讨论的一些关键特征,以及那些将神话视为一个动态生命过程展开的研究,而非在几个世纪后对其进行分类、系统化而得出的观点;其次,更好地解读那些构成美狄亚现代理解的文化背景材料。从希腊化世界到公元 1 世纪的罗马,我们除

了为这之间的各种表现形式建立语境外,还将看到两个特定主题的重塑:神话的变形问题,以及语言与理性之间的关系问题。

视觉传统

在结束上一章的讨论时,我们已经提到欧里庇得斯笔下美狄亚形象的高度视觉化呈现。据了解,陶瓶画是对这则神话最直接的实体反映,而这些画越来越多地将美狄亚置于其孩子们死亡的恐怖场景中。正如第二章所述,我们很难衡量文学与其他媒介艺术作品之间的关系,但这似乎也提供了一个有力的例证,可以证明文学作品对外部艺术传统的影响。图 3 所示的是一个约公元前 400 年的红绘双耳喷口瓶(混合器皿),这是新发现中最引人注目的一幅图像。图中,美狄亚儿子们的尸体横躺在祭坛上,场景中心是太阳战车;美狄亚与花瓶两侧的复仇女神联系更为紧密,与其他人物则完全隔绝;儿子们的尸体以生动的图像展现出来,处于场景左侧的伊阿宋则几乎游离于图像之外。

关于这幅图像(以及类似图像)与欧里庇得斯戏剧之间的关系,人们争论不休,引发了许多将图像学传统与戏剧创作相结合的观点。然而,我们需要注意:除了欧里庇得斯的戏剧,其他有关美狄亚的戏剧也可能存在,并且像图 3 这样的陶瓶画未必就是戏剧的其中一幅插图。但就我们的研究而言,这却充分表明:在大众想象中,美狄亚越来越多地与弑子联系在一起。

图 3:展现美狄亚在弑子后驾战车逃跑的阿普利亚红绘涡形双耳喷口瓶,公元前 340 年。图片来源:克里夫兰艺术博物馆(Apulian red-figure volute krater, showing Medea in chariot escaping after the murder of her children, c. 340 BC. Source: Image © The Cleveland Museum of Art)

苏尔维努－因伍德（Sourvinou-Inwood 1997）对图像学传统进行了全面归纳和总结，指出新发现中还有一个更重要的方面，即如图3所示，美狄亚出现时身着独特的东方服饰。因伍德进一步将这幅陶瓶画与欧里庇得斯的戏剧直接关联起来，她认为孩子们在祭坛上的位置与戏剧中在战车上的呈现并没有显著差异。我们可以将祭坛上的位置视为弑子行为罪恶本质的一种艺术象征，这是对祭祀仪式的一种倒错，是欧里庇得斯戏剧本身的一种讽刺意味。

许多陶瓶画展现了美狄亚在意大利南部希腊殖民地的这类场景，在那里，悲剧，尤其是欧里庇得斯的戏剧于公元前4世纪受到热烈欢迎。正如我们在上一章中所论及的，即便在这一时期，这个与雅典有着复杂关系的神话版本仍在广泛流传。正是这种想象重构的力量，将故事从希腊带到了罗马。

阿波罗尼奥斯·罗迪奥斯

西方文化通过罗马接受了希腊神话。当罗马文化成为地中海地区的主流文化时，基本便会出现一个同化，或者说神话同步的过程。例如宙斯或赫拉克勒斯这样的人物，就被等同于或被同化为朱庇特（Jupiter）、赫丘利（Hercules）。然而，就美狄亚而言，尽管史密斯（Smith 1999）指出美狄亚神话在意大利广为流传，却并未发现与之相对应的罗马神话。即便在不断将自身与希腊进行对比的罗马世界，美狄亚仍然是神话中的一个"异类"，她同时代表着希腊人和野蛮人。

罗马文化通过希腊化世界（公元前3世纪）获得了对希腊神话的大部分了解。亚历山大大帝最珍贵的遗产之一，便是在埃及海岸建立了亚历山大城。从公元前331年开始，亚历山大城迅速发展成为一座国际化的文化大都市。当地中海世界的其他地区都在经历急剧动荡以及权力斗争时，亚历山大城在托勒密王朝的庇护下培育了一个文学艺术天地。亚历山大图书馆成为一个学习和保存希腊文化的中心，受到新一代艺术家、作家的保护和使用。所谓的"希腊化"诗人，如卡利马科斯，都受过高等教育，接受了希腊丰富的文化遗产。他们发表了最早的文学评论，并探索了神话和文学的其他方面。其中一些诗人对旧作进行汇编、述评，另一些则以新方法重新审视旧材料，创作出新的文学作品。希腊化文学尤其注重微小的细节以及情感生活的细枝末节，展现出渊博的学识。

希腊化诗人阿波罗尼奥斯·罗迪奥斯（罗兹岛的阿波罗尼奥斯）为我们描绘了一个与欧里庇得斯戏剧中截然不同的美狄亚。在他的四卷本史诗《阿耳戈英雄纪》中，阿波罗尼奥斯讲述了阿耳戈英雄为获取金羊毛而探险远征，最后以安全返回伊奥尔库斯而告终。他笔下的美狄亚，正处于其"神话之旅"的起始阶段，是一个沉溺于伊阿宋之爱的、年轻而又脆弱的少女。当阿芙洛狄忒决定让她爱上伊阿宋时，美狄亚在此远非一个诡计多端的恶魔，而是一场可怕袭击的受害者。爱神的袭击在史诗中是以暴力的、军事化的措辞呈现出来的：

他（爱若斯）在伊阿宋的脚边蹲下，将箭头装在弓弦上，然后双手张弓，直奔美狄亚射去。她的精神被一种难以名状的恍惚所控制。爱若斯带着嘲弄的笑声飞出高高的宫殿，但他的箭却像火焰一样深深地灼烧了女孩的心房。

（《阿耳戈英雄纪》，280 ff.，亨特译，1993）

这便使我们回想起赫西俄德《神谱》中美狄亚的早期形象，即作为伊阿宋的"战利品"而存在。如尼伯格（Nyberg 1992）所言，这种叙述方式的讽刺意味在于对欧里庇得斯故事的自觉引用，这位伟大的魔法实践者自己却成了爱情魔法的猎物。即便她的妹妹卡尔喀俄珀建议她帮助伊阿宋，美狄亚依然在爱情中挣扎。

语言与理性

对于我们理解神话而言，阿波罗尼奥斯在某些方面的描述是充满意味的。首先，美狄亚作为一个充满激情、为所应为的年轻女子，作者对美狄亚的情感给予了极大的关注。这将我们带回到一种正向的民间故事模式——一个年轻女孩爱上了王子。在叙事的这一阶段，美狄亚显然被刻画成一个伊阿宋成功所必需的"帮手少女"。然而，随着故事的推进，叙事焦点从她的情感状态转移到魔法力量，美狄亚因而成为一个更活跃、更具主导性的人物。

有学者指出，正是美狄亚最终促成了阿耳戈号成功探险并安全返航，因此在阿波罗尼奥斯的版本中，美狄亚才是真正的英雄。这一观点为这则神话提供了一种有趣的解读，它抛出一个问题：女性能成为英雄吗？

克劳斯（Clauss 1997）提供了另一种解读，他认为，阿波罗尼奥斯版本中的美狄亚仍然可归于"帮手少女"这样的主导框架内，尤其可以作为荷马《奥德修纪》中瑙西卡故事的变形版本来理解。克劳斯指出，故事的主题在这里颠倒了过来：伊阿宋没有像通常的童话故事那样，为了赢得新娘而达成任务；相反，为了获取金羊毛而赢得了美狄亚。克劳斯继而利用希腊化诗歌的自觉风格提出进一步论证，认为随着同时期对神话形成了一种成熟态度，伊阿宋必须成为一个后神话世界的英雄。在克劳斯看来，阿波罗尼奥斯的故事采用了一种自觉的叙事技巧，毕竟像美狄亚这样的人物，可以引起人们对神话以及现实本质的思考。我们从最早的资料中已经看到，美狄亚引发了有关边界、潜意识等问题；在《阿耳戈英雄纪》中，我们看到了对这些问题的生动描绘，而这些问题无疑强烈影响了罗马人对于美狄亚的观念理解。

美狄亚在罗马

阿波罗尼奥斯的《阿耳戈英雄纪》于公元前1世纪由阿塔西努斯（P. Terentius Varro Atacinus）翻译成拉丁语六步格诗；这首诗目前仅有片断遗存下来。美狄亚也是早期罗马文化中许多杰出作家如埃尼乌斯、巴库维乌斯（Pacuvius）、阿齐乌斯（Accius）等人笔下戏剧和诗歌的主题。由于希腊文化被当时一些学者描绘成"娘娘腔"，破坏了罗马传统价值观，因此罗马文化的希腊化在政治上是极具争议的。在这一过程中吊诡的是，"野蛮人"美狄亚的经历，却成为一个典型的希腊故事。

罗马价值观与古希腊理想有一些共同之处，但在一些关键问题上也以不同的方式进行了建构。例如,罗马管理帝国的方式是忽略文化差异,以罗马理想同化新的征服对象,授予其公民身份并推行罗马制度。随着罗马早期共和制被帝国君主制所取代,许多社会价值观发生了变化,尤其是关于女性、哲学以及自然演进的观念得到了重大发展。罗马人的观念涵盖了许多不同的历史时期、地理区域以及政治结构。因此,很难单独论及罗马人对美狄亚的态度。

美狄亚是罗马艺术表现的一个流行形象。她的形象出现在许多石棺(带雕刻的棺材)上,其场景可能与她作为女英雄的边缘地位有关(参见 Schmidt 1968)。图4便展示了2世纪罗马的一具石棺。值得注意的是,尽管我们通常将这些图像称为"美狄亚石棺(Medea sarcophagi)",但美狄亚并不是故事讲述的重点。相反,科林斯国王的女儿克瑞乌萨(Creousa)才是人们关注的焦点。美狄亚的形象之所以适用于墓穴,因为她的故事代表了一种不合时宜的(以及不应遭受的)死亡。美狄亚正是这场灾难的"罪魁祸首"。在这一场景以及类似场景中,我们可以看到故事的几个阶段:右边是毒袍的递送,接着是克瑞翁想要救他那在熊熊火焰中挣扎、试图逃往喷泉的女儿,但一切都只是徒劳。画面显示,美狄亚正在思忖杀死自己的孩子,然后驾龙战车逃脱。克瑞乌萨成为焦点,这样的图像使美狄亚成为一种非人格化的死亡力量——这力量可以夺走任何无辜的生命，而不仅仅是一个嫉妒的女人杀死自己的敌手。

图4：刻有美狄亚传说的石棺侧面，罗马2世纪（大理石），意大利曼托瓦公爵宫。图片来源：布里奇曼艺术图书馆（Side of a sarcophagus depicting the legend of Medea, Roman second century［marble］. Palazzo Ducale, Mantua, Italy. Source: Image supplied by Bridgeman Art Library）

当美狄亚出现在罗马国内如庞贝壁画中时，人们关注的是她谋杀前的沉思。这些图像难以解码，可能有一些关于社会从众行为的信息，又或者我们看到的可能只是对神话的简单运用，它们仅仅是作为希腊化理想的代表。由于美狄亚是一个著名的希腊人物，这些图像可能只是因为她是"希腊人"而被选中，当时的人们并没有密切关注其神话意义。正如我们在第二章中所述，视觉媒介对神话的描绘所引发的问题，往往与我们在文学作品中所面对的问题有所不同。

奥维德

关于罗马人对美狄亚的看法,我们从共和国早期作品中获得了现存最佳的文学资料。奥维德多次提到美狄亚的故事,极有可能就此创作了一部悲剧《美狄亚》(*Medea*)。尽管只有两首现存诗歌出自这部悲剧,但有三篇古代评论——塔西佗(Tacitus)的《对话录》(*Dialogus*, 12)、昆提利安(Quintilian)的《雄辩术原理》(*Institutio oratoria*, 8.5.6)、塞涅卡(Seneca the Elder)的《苏亚索里亚》(*Suasoriae*, 3.7)——表明,奥维德的戏剧受到同时代人的高度重视,他们将其奉为经典之作。

《女杰书简》中的美狄亚

在《女杰书简》(*Heroides*, 12)中,奥维德展现了一个饱受折磨的美狄亚,她在沉思伊阿宋对自己的背叛。她的思绪千回百折,语言风格杂乱无章,这也使一直以来将美狄亚与巧言令色联系在一起的传统问题化。这首诗仿佛是从句子中间开始的:

我，科尔喀斯女王，

当你来乞求帮助时，百般回应。

那些纺动生命之线的姐妹

本应将我的线从纺锤上解开，

那么结局会皆大欢喜。而现在，

生活便是无尽的惩罚。

（伊斯贝尔［Isbell］译，1990）

这里的美狄亚是有自我意识的。她并未从一个超然的、非道德的神性视角来进行自我审视，而是将自己在人类社会中的角色视为其罪恶感的根源。随着诗歌的进展，美狄亚穿梭于她生命历程中的种种细节。然而，当她说到弟弟的死亡时，却无言相对：

但是我的兄弟，我从未将你抛弃。

我的笔划伤了，无法书写。

我的手心甘情愿，却一字难言。

（151—153）

在这里，言行之间的对比突显了美狄亚故事中的悖论。我们已经看到,美狄亚能够以言语为武器,进行欺骗或施行咒语,但她却声称无法言说自己的罪行。她还暗示,从某种程度来说,行动比这个动作的指令更容易一些。然而,其中的问题并不是简单的言-行对立。美狄亚并没有说她不能"说出"自己的罪行,而是说她无法将其书写下来。由此,这首诗便引申出关于口头表述与书面表达之间的复杂观念,也许表明了书面文字具有美狄亚所无法控制的力量。在这首诗中,美狄亚这种观念表达能力上的微妙陈词并未显得格格不入。在信的结尾,美狄亚的复仇大局已定,但她抒发出对自己内心混乱的困惑,并得出结论——"我并不了解我的灵魂。"在整首诗中,她提到了许多罪行,但又哀叹自己的软弱,只谈到"过于轻易相信"这一罪行所带来的惩罚。(《女杰书简》,12: 160)我们在第五章中已经论及,这种心理自欺以及自我认识的把戏,可以解读为对美狄亚神话中各种内在的哲学、心理学问题的一种回应。

我们从这封信或者说这封独白中了解到奥维德对美狄亚的看法,他在另一部史诗《变形记》中更是叙述了一个完整的人生故事,使我们再次审视那些将不同元素构成一个神话传记的各种联结。

《变形记》中的美狄亚

这部史诗完成于奥维德被放逐前的公元 7 年左右。虽然它采用了线性叙事,但它的叙述远非直截了当。它对一些情节进行了长篇大论,而对有些情节则一笔带过,并没有保持一致的基调。这部史诗抛开一以贯之的悲剧或道德立场,我们由此获得了美狄亚及其行为的一系列不同形象。举几个例子来说明这部史诗所运用的各种方法。

(一)与《女杰书简》一样,在奥维德的叙述中,美狄亚一开始有自己的声音(7.1 ff.),但随着美狄亚在故事中变得更加主导,早期的心理活动很快便消失了。在叙述的末尾,美狄亚的最终命运并未得到阐明,语言这一主题再次突显出来。在一种巧妙的文学幻想中,美狄亚从真实情境以及叙述中消失,从字面上看,她被"模棱两可的文字(a cloud of words)"带走了(《变形记》,424)。

(二)在故事中,理性与疯狂这两种对立力量之间存在一种紧张关系。Furor[愤怒]、疯狂或激情,在关键时刻成为一种驱动力,正如故事开场:

> 与此同时,埃厄忒斯的女儿心怀炽热的情感。
> 她挣扎许久,理智却敌不过疯狂的激情,
> 最后说道,"美狄亚,反抗是徒劳的:
> 不知哪位天神在与你为敌。"
>
> (9—12,纽兰兹[New lands],1997)

然而,这不仅仅是一场非人格的战斗。奥维德笔下的美狄亚也自觉反思了自身的困境,里面有一句著名的格言:"目望正道,心知其善;择恶而行,无以自辩。"(《变形记》,7.20—21)。这便为故事注入了早期叙述中通常缺失的一丝黑色幽默。后世可能会将美狄亚视作一个喜剧人物,但这一般不属于她的古代形象范畴。

(三)在这个版本中,视觉问题极为突出。奥维德不仅沉浸于精致的电影式描述,而且暗示他笔下的人物与读者一样具有视觉敏感性。美狄亚一开始想要抗拒对伊阿宋的爱,来到赫卡忒的祭坛前;但当她看到伊阿宋,爱情的火焰便战胜了她的矜持。(7.72—73)

(四)尽管美狄亚是故事的焦点和主角,我们也从中看到了一个早期主题——美狄亚是一个"战利品"。伊阿宋在获得金羊毛的同时,也得到了美狄亚这"第二件战利品(second trophy）"（7.157）。

有研究者指出,奥维德笔下的美狄亚故事呈现出一种无法补救的脱节:虽然展现了作为少女美狄亚的心理洞察力,但在故事的后半部分,对于她如何成为弑童的女巫,这部史诗却没有明晰的解释。其他研究者则认为,对于奥维德来说,其兴趣点并不在美狄亚其人,而是她所游历的异国他乡,因此美狄亚的故事只是作者借此纵情于地理漫游的一个契机。然而,鉴于奥维德在他的写作生涯中多次提及美狄亚,我们不应过早地否定他对美狄亚本身的关注。

就美狄亚在这首诗中的角色,纽兰兹提出了一种更为开放的解读,表示"奥维德提供给我们的并不是一个单一的形象,而是依据读者的不同视角而变化的折射图像"（1997,207）。因此,奥维德的美狄亚不是作为作者的单一声音创作出来的,而是由不同人物的视角共同构成的。纽兰兹指出美狄亚既作为受害者又作为谋杀者的多重形象,并进一步强调,有必要对奥维德呈现这一故事的广泛背景进行分析。与《变形记》中的所有情节一样,美狄亚的故事也被置于一个更广泛的"大叙事"中。纽兰兹点明,构成"大叙事"的其他故事,尤其是在涉及婚姻的故事中,都聚焦于女性的暴力行为。在她看来,尽管奥维德的故事本身并未对美狄亚的罪行作任何解释,但与此紧密相连的其他故事却提供了所谓的"缺失环节(the missing link)",解释了为何女性普遍如此。

拉莫尔(Larmour 1990)也认为,奥维德有意在《变形记》中制造相似、重叠之处,因此,普罗克涅与美狄亚的故事以类似的方式呈现。普罗克涅的丈夫强奸了她的妹妹并割下其舌头,于是普罗克涅杀死自己的孩子以实行报复。这两个故事在主题上有一些值得玩味的相似之处,比如言语、沉默,以及男人对待女人的方式等。尽管美狄亚故事的主要焦点成为奥维德开启一场漫长地理之旅的契机,但我们也应当承认,奥维德对泛神话体系之下的美狄亚故事,有着一些深思熟虑的考量。

美狄亚的变形

在美狄亚神话中,她总是与变换、变形联系在一起。她的魔法力量被用于返老还童,而她自己就像一只"变色龙",能够随机应变。对于美狄亚而言,杀死自己的兄弟阿普绪耳托斯可能是一个决定性的时刻。帮助伊阿宋是少女在热恋中的抉择,然而为了开启新婚生活,美狄亚则必须采取暴力行动。不过,这是一种改变吗?或许我们是否应该认为,美狄亚的"真正面目"始终是一个伺机而动的危险魔女?

正如我们在上一章所述,有研究者试图对美狄亚进行精神分析,我们也可以讨论她在科尔奇斯生活时的家庭状况,但寻找固有的对照或许更契合神话的精神。喀尔刻拥有将人变成动物(再变回人)的能力,但她从未被描述成一个不正常家庭中遭受折磨的受害者。"变形"可以说是生命自然过程的一部分,就像白天与黑夜、春天与冬天交替。可以说,美狄亚在许多方面是非正常的,但也正如我们在讨论之前的问题时所看到的,正是她的特殊地位使我们能够定义什么是"正常"。美狄亚的变换力量尤其引人注意,它不仅暗示了对物质的控制(正如喀尔刻的变换),而且还暗示了对时间的控制,所以她的故事在许多不同的语境中"重生",就像在希腊世界那样,继续为罗马观众以及现代观众所津津乐道。在奥维德的诗歌中,美狄亚同样也是一个值得密切关注的人物;其中,变形本身既是一个主题,也是各种社会以及精神力量的隐喻。

塞涅卡

塞涅卡的悲剧《美狄亚》与欧里庇得斯的版本截然不同。它没有那么微妙,而是更关注奇幻的魔法元素。塞涅卡明确提到了美狄亚起死回生的神力,这可以说是我们在第四章中论及的返老还童能力的显著版本。他还逐字逐句地描述了她的魔法咒语，而不是只给出含糊的暗示来保持神秘感。他的《美狄亚》没有欧里庇得斯的版本那么复杂，但仍然蕴含了神话发展过程中的一些有趣特征。正如我们在第五章中谈到的，我们可以根据该剧的斯多葛派背景，将美狄亚解读为一个需要控制狂野激情的范本。尽管她拥有显而易见的超自然力量，但人类情感的暴力表达同样突出。阿切拉斯奇（Arcellaschi 1990）便概述了剧中 *Ira*［**愤怒**］，*Amor*［**爱**］和 *Furor*［**疯狂／激情**］的架构。特拉娜（Traina 1979）则讨论了剧中母性与兽性观念，以及自然生殖的正面力量与暴力摧毁的消极倒错观念之间的紧张关系。西格尔（Segal 1982）将"美狄亚"名字的头韵与 *mater*［**母亲**］，*malum*［**邪恶**］和 *monstrum*［**可憎／恐怖**］相结合，进一步指出这一名字本身就与狂野、暴力有关。再加上希腊语词源将她与动词"计划（to plan）"联系在一起，这些因素产生了一种复杂的、语言上的相互作用，反映出其性格的神话学复杂性。

该剧还有一个方面值得探讨。我们已经在许多早期版本中看到，美狄亚对自身的处境是有自我意识的，她似乎能够对神话进行自我阐释。而在塞涅卡的戏剧中，当美狄亚决定杀死孩子们时，她的那句"现在我就是美狄亚"（《美狄亚》，910）突出为整部戏剧的高潮。美狄亚不再逃避定义，弑婴行为作为她本质特征或极端潜能的一种断言、表征,美狄亚由此实现了自身的"存在"。当我们探究神话的发展时,弑婴似乎常常掩盖了美狄亚生命中的其他部分,而本书便试图对这种现代观念进行一些纠正。然而,在塞涅卡的戏剧中,我们似乎可以确认——孩子们的死亡是美狄亚生命中的决定性事件,这一情节决定了对所有其他情节的解读。

瓦莱里乌斯·弗拉库斯

我们要探讨的最后一个罗马神话是瓦莱里乌斯·弗拉库斯创作于公元 80 年至 92 年间的《阿耳戈英雄纪》。正如斯拉维特(Slavitt 1999)在其译本导言中所指出的那样,古典学者通常对这一文本不屑一顾,视其为一首质量低劣的模仿诗。而就我们的研究而言,诗中仍然有一两处值得玩味的细节。首先,关于作者瓦莱里乌斯·弗拉库斯的一个少数事实是:他是 *quindecimvir sacris faciundies*[十五人祭司团]的官员之一,负责保管《西比林预言书》(*the Sybilline books*),监管外来异教。这表明他可能接触过主流文学叙述中未曾呈现的神话传统。在他的诗中,美狄亚表现得极富同情心。她挣扎着反抗神加诸其身的对伊阿宋的爱恋;当朱诺(Juno)第一次尝试失败后,维纳斯不得不亲自介入。值得注意的是,在伟大的罗马史诗——维吉尔(Virgil)的《埃涅阿斯纪》中,朱诺很大程度上是剧中的反派,对狄多(Dido)也发起了类似的攻击(*Aeneid* Book 4)。在《阿耳戈英雄纪》中,美狄亚呈现为一个自我分裂的形象。我们在其他版本中看到,她是种族身份的论争焦点,是令人恐惧的异邦"他者"的象征。而在这首诗中,美狄亚似乎与自我格格不入,而唯一的解决办法——离开,本身就是一种痛苦,连赫卡忒都为她的离去深感遗憾。美狄亚被塑造得更像一个罗马人,表现出罗马人对其父亲的崇敬(7.309)以及对动物的眷恋。[①]当她把守护金羊毛的恶龙催入睡乡时,对其充满怜悯:

> 美狄亚见它束手无策,边跑边流泪
>
> 出于怜悯,为她自己的残忍行为感到羞耻。
>
> "在漆黑的夜里,"她惊呼,"我从未见过你
>
> 像这样在此入睡,当我给你端来蜜饼晚餐
>
> 你从我手中啃食。你这巨大、可怜又笨重的畜生!"
>
> (8.94 ff.;斯拉维特译,1999)

[①] 关于罗马人对宠物的情感依恋,参见凯斯·布莱德利(K. Bradley 1998)的《罗马儿童的情感教育——宠物饲养的作用》(*The Sentimental Education of the Roman Child. The Role of Pet-Keeping*, Latomus 57: 523—557)。

美狄亚在神话中也被描绘成无辜的受害者,瓦莱里乌斯·弗拉库斯将她比作普罗塞皮娜(5.343—347),暗示她就像普罗塞皮娜(Proserpina/Persephone)被普路托/哈德斯(Pluto/Hades)夺走那样,是被伊阿宋夺走并走向堕落的无辜之人。许多文学前辈对美狄亚进行了这种描述,但在她广阔的神话殿堂中,一些新形象仍然可以找到一席之地。

小结

在本章中,我们看到了一个典型的非希腊人物的希腊神话如何适应不同的时代,并在罗马人的想象中广为流传。罗马的版本并未对美狄亚神话进行补充,而是梳理出希腊文本中已有的观念和联系。美狄亚从希腊到罗马的流变,预示着她的故事将在整个西方历史中找到新的受众以及诠释者。在下一章中,我们将探究这一过程,看看神话是如何在全球各种不同的文化中找到归宿的。

希腊罗马之后

After Greece and Rome

八、美狄亚效应

正如我们在前面的章节中所述,想要理解神话人物的本质特征,按时间顺序来叙述神话的发展过程并不一定奏效。最后两章自然也并不提供这样的历史叙述,但会指出后古典主义接受中的一些关键节点,并对神话的作用进行评述。前一章可以作为故事从希腊到罗马的"接受"素材;但如我们所见,对神话的新解读也有助于我们理解故事的不同层面。

基督教世界中的异教神话

随着基督教的出现,希腊－罗马世界的神话面临着巨大的挑战。奥林波斯诸神的泛神论体系成为过时的,或者往坏里说是邪恶的。神庙、神像被摧毁,与物质遗存相伴随的神话受到威胁。流传下来的故事可以归因于几个不同的因素。首先,基督教会的教育传统要求年轻人学习拉丁语和希腊语,于是古代文学作为教科书得以保存下来。而古代世界存留的许多典籍都要归功于那些拥有个人图书馆的富裕精英,因为能够阅读这些语言成为高等教育程度和地位的标志。由于美狄亚的故事是古代文学中经常出现的主题,因此极有可能流传下来。然而,在基督教的道德框架内,这个故事可能非常不受欢迎。美狄亚不仅犯下了可怕的罪行,而且从未因此受到惩罚。一些古代故事可以改编成适应基督教传统的版本,例如,寓言式解读可以使赫拉克勒斯或埃涅阿斯成为类似基督的形象。美狄亚不大可能以这种方式流行。不过,我们可以指出早期基督教思想中对女性情欲的妖魔化,并将美狄亚作为一个需要约束的示例。4世纪晚期的圣·奥古斯丁(Saint Augustine)在《忏悔录》(*Confessions*)中表明,他曾在一次比赛中唱过"飞翔的美狄亚"(《忏悔录》,3.6.11)。因此,美狄亚显然不是一个意料之外的神话人物。

在基督教传入后,美狄亚就像她在希腊-罗马世界中那样,不断影响着艺术家的想象。她的故事所蕴含的多重意义,以及这样一个极端人物的内在戏剧性,都使她在音乐、舞蹈、戏剧、造型艺术等一系列不同的语境中扮演着不同的角色。戴维森·里德概述了从14世纪到20世纪的涉及美狄亚的大量作品(Davidson Reid 1993, 643—650)。其中,14世纪的乔叟(Chaucer)在他的《贞女传奇》(*The Legende of Good Women*)中讲述了海普斯皮尔（Hypsipyle）与美狄亚的故事，可以说，文艺复兴时期人们对希腊世界的重新关注使美狄亚神话得以持续流行。由于美狄亚的故事是希腊人身份认同的构成基点，因此，当希腊理想成为西方身份认同的一部分时，美狄亚仍然经久不衰。

巫术与魔法

在后古典时代，美狄亚最突出的一个特征便是她的女巫角色。我们在第四章中已经论及，魔法处于死亡、性别以及种族观念的强大交汇处，所有这些议题都可以很好地转移到其他文化中。然而，女巫作为一种异域情调的、令人兴奋的形象，这种观念似乎在某些方面提高了美狄亚的受欢迎程度。罗马世界可以说是美狄亚形象的最强大来源。我们也可以从莎士比亚的《暴风雨》（*The Tempest*）和《麦克白》（*Macbeth*）中，看到戏剧的可能性是如何被挖掘的。《暴风雨》中普洛斯彼罗（Prospero）的演讲（Act V, lines 33 ff.）高度模仿了奥维德《变形记》第七章中的美狄亚；在整个第五幕中，美狄亚与卡利班（Caliban）的母亲西考拉克斯（Sycorax）所代表的魔法黑暗面之间，存在明显的相似之处。而在《麦克白》中，麦克白夫人对孩子们的粗暴态度，以及她摒弃女性特征而选择"无性别

（unsexed）"身份的做法，都借鉴了美狄亚的形象。她们都通过语言、暗示的力量，而非麦克白夫人嗜好的暴力行动来施展魔法，这与荒野女巫的显性魔法构成对比。

许多艺术作品都强调了美狄亚的女巫形象，比如弗雷德里克·桑迪斯（Frederick Sandys）的一幅悬挂在伯明翰艺术博物馆的著名画作《美狄亚在一个精致的碗中配置药物》（1866—1868）。不过，也有一些图像，如图5所示，展现出了不同形象的美狄亚。费尔巴赫（Feuerbach）的这幅油画创作于1870年左右，表现了美狄亚准备流亡的场景。乍看之下，这似乎是一幅令人怜悯的、近乎浪漫的母子相拥画面，但仔细观察便会发现图像中的阴暗面。背景中厚重的崖壁、环绕水手腿部汹涌的海浪，都使人联想到欧里庇得斯笔下那如水或岩石般无情的美狄亚。与水手们相比，美狄亚成为一个静态的形象，她只是抱着孩子，显得疏离而超然。画面构图上的许多细节都揭示出故事中的暗黑元素（如披着黑斗篷的保姆摆出哀悼的姿势）；尽管如此，这幅画还是给人一种强烈的忧郁感，它更多地将美狄亚描绘成一个悲剧女英雄，一个受尽委屈的女人，而非一个危险的女巫。

图5:《美狄亚路上流亡之路》。图片来源:安塞姆·弗雷德里克·费尔巴赫,《美狄亚》,Inv. Nr. 9826,慕尼黑 – 巴伐利亚州国家绘画收藏馆 – 新绘画陈列馆("Medea preparing to go into exile."Source: Anselm Feuerbach, Abschied der Medea, Inv. Nr. 9826. Bayerische Staatsgemaldesammlungen, Neue Pinakothek, Munich)

社会与政治

美狄亚形象的流变体现出社会观念的变化,以及类似于我们在希腊世界所看到的文学文本与视觉文本之间的互动。威廉·莫里斯(William Morris)在他的《伊阿宋的生与死》(*Life and Death of Jason*,1867,第7—17卷)中杂糅了一系列神话、民俗传统,将美狄亚描绘成一个拉斐尔前派的年轻少女,因伊阿宋的背叛而流下歇斯底里的泪水。与此同时,伯恩-琼斯(Burne-Jones)为乔叟的《贞女传奇》创作了一幅美狄亚的插图作品。虽然这幅画是拉斐尔前派的艺术风格,但由于人物重复了琼斯早期的水彩画《摩根勒菲》(*Morgan Le Fay*),其中依然暗含了与神话之间的联系。艺术观念影响着画家对人物的描绘,就像公元前7世纪美狄亚首次出现在希腊陶瓶画上一样。还有一个重要的方面需要指出,那就是作为神话的现代阐释者,我们受到费尔巴赫、伯恩-琼斯等人画作的影响,可能比我们所意识到的要大得多。"千言万语的图画"可能会潜移默化地嵌入我们的头脑,我们对神话的理解与之相伴而生;当我们在古代和现代世界中审视美狄亚时,它们可能会影响我们的解读。

如果说艺术传统可能既是强大的又是模糊的,那么美狄亚故事的许多文学版本则是将其置于当代语境中的直接尝试。随着新故事的出现,神话也在持续生成,比如1635年高乃依的歌剧中,美狄亚放火烧毁了赫拉神庙后自杀。另一个示例是弗朗茨·格里帕泽(F. Grillparzar)1821年创作的奥地利三部曲《金羊毛》(*Das Golden Fließ*)。剧中,美狄亚作为被遗弃的妻子得到了极大的同情;科蒂(Corti 1998)指出,这对弗洛伊德产生了影响:"当他在《少女杜拉的故事》(*Dora: An Analysis of a Case of Hysteria*)的笔记中说,美狄亚'非常乐于克瑞乌萨和她的两个孩子交朋友'时,他显然认为美狄亚是个理所应当的受害者。"我们已经距离希腊-罗马神话中的美狄亚很遥远了,应该意识到弗洛伊德在很多方面都是20世纪现代神话的缔造者,因此这个故事的解读可能比乍看起来更耐人寻味。难道他真的认为,一个被遗弃的妻子希望新女人与她的孩子们交好,这在心理学上是正常的吗?

19世纪的戏剧作品往往蕴含着对美狄亚的同情,在英国舞台上,一些有针对性的作品便揭示出与政治发展相关的当代议题,包括1857年的《离婚法》(the Divorce Act)、1872年的《婴儿保护法》(the Infant Protection Act)等。伊迪丝·霍尔(Edith Hall 1999)研究了美狄亚的故事如何成为英国社会立法不公的写照,并得出结论:

> 18世纪需要否认美狄亚杀害了自己的孩子,或者以一种疯狂的方式为其开脱罪责,19世纪需要将她的动机从报复性的嫉妒转变为母性的利他主义,而在19世纪80年代初维多利亚时代最后一批重大婚姻法出台的同时,关于美狄亚的戏剧演出也完全消失了。
>
> (霍尔,1999,70—71)

在这些政治联系之后,神话的下一个直接应用是在19世纪与20世纪之交,女性选举权运动的兴起。在英国,吉尔伯特·默里(Gilbert Murray)翻译的希腊悲剧将神话带给了更广泛的观众;1907年,他所译的欧里庇得斯的《美狄亚》在萨沃伊剧院(the Savoy Theatre)上演。对于那些认为女性受到不公平对待的人来说,美狄亚对不忠丈夫的报复成为一种号召,因此她的科林斯演说成为"女演员参政联盟(the Actresses' Franchise League)"在女性选举权会议上使用的文本之一(Murray,1913,32)。尽管剧中的美狄亚是一个诡计多端的凶手,但她对女性生活中不公正待遇的评论,被用来诗意地抒发社会普遍存在的一种沮丧情绪。但并非所有人都如此倾向于原谅她的暴力行为,卡图尔·门德斯(Catulle Mendes)1898年作品的评论者便将美狄亚称作"糟糕透顶的新女性"的典型。

弑婴——"现代美狄亚"

最后一个示例围绕美狄亚神话,将神话、社会动荡与艺术自由联系在一起,以此说明神话创作过程的复杂性。19世纪美国肯塔基州艺术家托马斯·诺布尔(Thomas Noble)创作了一幅题为《现代美狄亚:玛格丽特·加纳的故事》的画作,作为对一个历史事件的回应,图6便是《哈泼斯周刊》(*Harpers' Weekly*,VII,1867年5月18日,308)刊登的这幅版画,描绘了这一著名事件。1865年,一个名叫玛格丽特·加纳(Margaret Garner)的奴隶试图带着她的两个儿子逃跑,被抓后她亲手杀死了自己的孩子;据她自己所称,是为了让孩子们免受奴役。正如维森伯格(Weisenberger 1998)所详细探讨的那样,诺布尔展示的这一场景既充满暴力又构图精巧,展现了神话创作的多重层次。虽然与美狄亚神话直接对应的是一位母亲杀死了自己的孩子,但这种联系也暗示了加纳当时的动机是复杂的,她可能是被某种非理性或嫉妒的激情所驱使,这便分散了人们对奴隶制这一核心问题本身的关注。将加纳的故事同化为美狄亚神话,却淡化了其悲剧故事中的真正焦点;悲剧成为神话的同时,也因此失去了力量。我们由此可以看到,原始神话中存在的几个问题被赋予了不同的用途。首先是有关美狄亚的负面联想——加纳一定（1）因嫉妒而疯狂，（2）是个女巫。这个故事也引发了其他联想，即欧里庇得斯版本中的美狄亚将婚姻比作奴役，说明种族问题仍然是核心问题。神话的力量意味着，那些试图利用神话达到目的者可能会陷入意料之外的麻烦。①

图6：《现代美狄亚：玛格丽特·加纳的故事》，托马斯·诺布尔作雕版画，《哈泼斯周刊》。图片来源：美国国会图书馆（"The Modern Medea: The Story of Margaret Garner." Engraving from a painting by Thomas Noble. *Harpers' Weekly* [VII, May 18 1867, p. 308]. Source: Image supplied by The Library of Congress）

---

① 玛格丽特·加纳的故事是托妮·莫里森小说《宠儿》（*Beloved*,1987）创作的最初源泉，不过莫里森对此并不认同，她认为小说成品与最初的构思灵感相去甚远。

小结

从古希腊和罗马的泛神论世界到基督教世界,再到19、20世纪的政治、法律论辩,美狄亚始终是一个处于风口浪尖的人物。我们在第三章到第五章中所探讨的一系列与美狄亚故事相关的议题,都会在不同的时期以不同的面目再现。神话仍在继续生成,当我们在21世纪仍试图理解美狄亚时,必须警觉这些后来版本所产生的影响。

九、20 世纪和 21 世纪的美狄亚

到了 20 世纪，美狄亚真正走出了教育精英的领地。对于这样一个与语言、伪装密切关联的人物来说，戏剧成为美狄亚最有力的表现形式，这当然是恰如其分的。从希腊到日本，从东欧到南非甚至更远的地方，美狄亚故事的戏剧版本遍布世界各地不同的文化与时代。在 2000 年出版的《表演中的美狄亚：1500—2000》（*Medea in Performance: 1500 to 2000*）一书中，编者霍尔（Hall）、麦金托什（Macintosh）和塔普林（Taplin）发表了一系列文章，证明了美狄亚神话在英语文化中的广泛流传。此前的出版物已经探索了美狄亚在其他欧洲传统中的地位，鉴于已经有如此丰富的信息和资源，最后一章将对所论条目进行高度精选，不求面面俱到，而是着眼于神话观念表达的趋势。

政治剧

希腊神话故事经常在不同社会冲突的表达中占据一席之地。索福克勒斯的《安提戈涅》（*Antigone*）往往成为那些捍卫个人权利的无政府主义者所使用的标准剧目。与此同时，从欧里庇得斯《特洛亚妇女》（*Trojan Women*）中被炸毁的特洛亚废墟，到西蒙·阿米蒂奇（Simon Armitage）改写的欧里庇得斯《赫拉克勒斯》中的心理学研究，许多戏剧都被用来讨论战争及其后果；阿米蒂奇的戏剧《赫拉克勒斯先生》（*Mister Heracles*，2000）以赫拉克勒斯身着太空服登场拉开序幕，探讨了在战争中至关重要的暴力行为，如何在家庭演绎中被证明是毁灭性的问题。

美狄亚的故事在20世纪和21世纪持续流行，尤其是作为政治以及种族冲突的写照。在南非，美狄亚神话的社会层面及其对身份、语言的审视一直非常突出。盖伊·巴特勒（Guy Butler）的戏剧《德米娅》（*Demea*）创作于20世纪60年代，但由于其政治内涵，到90年代才得以上演。该剧将美狄亚神话置于一个新的背景下，将伊阿宋和美狄亚两个角色设定为混血婚姻中的夫妻。其中，儿童的模糊性地位，引申出种族隔离制度残酷统治下的肤色、种族及地位问题；在种族隔离制度崩溃后的混乱时期，这个神话仍然具有现实意义。1994年至1996年间，弗莱什曼（Fleishman）和雷兹内克（Reznec）在南非多个地方执导了一部作品，这部作品最初由表演者即兴创作，它采用了大量的符号和语言，一方面暗示故事的多元文化力量，同时使所有观众感到权利被剥夺，迷失了方向。剧中对话涉及多种不同的语言、方言，因此，没有一个观众能够理解所有的对话，每个人都被置于局外人的位置。该剧还运用了音乐、舞蹈和仪式。尽管将历史悠久的非洲传统与古希腊的宗教仪式相提并论存在一定的危险性（"原始"一词通常用于贬低、蔑视层面上），但这部剧确实强调了故事的"身体性"——杀死自己的家人是一种暴力行为，同时伊阿宋对美狄亚的侮辱是她在身体层面上感受到的。

在利兹·洛克海德（Liz Lochhead）的苏格兰版戏剧《美狄亚（欧里庇得斯版本改编）》（*Medea [after Euripides]*）中，可以看到对语言和种族问题的不同反应。这是一部摒弃了神性元素的戏剧，更加强调人类的苦难以及身份的构建。虽然该剧的大部分内容都集中在性政治方面，但洛克海德对戏剧文本的介绍则表明了他对语言的明确态度：

我突然意识到，直到最近，苏格兰表现美狄亚的传统方式，还是让美狄亚使用自己的苏格兰语，而生活在她周围的异邦科林斯人，作为强大的"文明的"希腊人，说的则是贵族英语。而我的戏剧让主流社会说苏格兰语，让美狄亚说异邦难民的英语，这不能不说是从骨子里增强了一种真正的文化自信。

（洛克海德，2000，unpag）

从南非的暴力冲突，到"英国"内部酝酿了几个世纪的议题，都可以通过美狄亚神话来表达当下的社会关切。

个人剧

在爱尔兰戏剧中，著名剧作家出于各种目的将美狄亚加以戏剧化。作为在英格兰－爱尔兰冲突背景之下对帝国主义权力的审视，美狄亚故事的政治维度，尤其是欧里庇得斯的故事版本，吸引了许多剧作家，但这个故事也得到了更个人化的处理。布兰登·肯内利（Brendan Kennelly）曾写道，他是如何从自己在精神病院的经历中产生美狄亚故事的灵感。通过目睹那些在与施虐男子相爱后精神崩溃的女性状况，他将美狄亚的故事作为一种特殊的精神病理学案例，正如麦克唐纳的论述：

他的美狄亚愤怒到这样一个地步——甚至可以不顾愤怒对个人造成的长期后果,这也暗含了对传统上委曲求全地忍受男性虐待的拒绝。肯内利在自己人生的关键时刻写下这部作品,他理解美狄亚的愤怒,这种愤怒是一个自我厌恶的漩涡,它试图摧毁所有接近她的人,最终毁灭了唯一直接来自她肉体的孩子。也许只有杀死自己的孩子,美狄亚才能恢复仅存的一点理智。肯内利试图摆脱冲动的束缚,转而同情一个被病态的不幸所驱使、几乎对黑暗和混乱津津乐道的角色,而这也正是其存在的典型特征。

(麦克唐纳 [McDonagh],2002,225)

该剧试图从心理学而非神话学的角度来阐释美狄亚的故事,虽然落实到行动,设定一种潜在的因果关系模式,但还是回到了最早的希腊神话中关于混乱与身份的观念。正如卡尔(Carr)的戏剧《猫原边》(*By the Bog of Cats*,1998)所体现的那样,即便神话被彻底重塑,其核心仍然存在。剧中的"女主角"海斯特(Hester)是一个被遗弃者,因种族和贫困而遭人唾弃;她烧毁了自己的房屋,杀死了自己的女儿,随后自杀身亡。尽管这些行为本身与希腊-罗马神话中的美狄亚并没有直接相似之处,但它们都属于接受传统;阿努伊(Anouilh)让她剧中的美狄亚自杀，同样可以被视为重构神话核心问题的方式。在这些语境中，死亡不是软弱的标志，而成为力量的象征；卡尔笔下的海斯特在死亡中超越了自己的生命，就像欧里庇得斯笔下的美狄亚乘战车逃脱那样。

从妇女选举权运动的起源，到20世纪70年代的女权运动，美狄亚始终是一个强大的女性角色。从19世纪后期的莎拉·伯恩哈特（Sarah Bernhardt），到20世纪后期的黛安娜·里格（Diana Rigg）、费奥纳·肖（Fiona Shaw）等，杰出的女演员都曾扮演过美狄亚。就像在古代戏剧中那样，美狄亚也在现代剧院上演。斯梅瑟斯特（Smethurst）在分析尼南川（Ninangawa）的《美狄亚》（*Medea*，2000）时便指出该剧中的"元戏剧"问题，即使用玩偶象征演员或者角色无法生育，从而将美狄亚塑造成一名男性。从费奥纳·肖扮演的理查二世（Richard II），到剑桥希腊戏剧团2004年的《俄狄浦斯王》（*Oidipous Tyrannos*）（其中俄狄浦斯、克瑞翁由女性扮演，伊俄卡斯塔由男性扮演），如今的一些跨性别作品也在反其道而行。

电影

在20世纪，电影这种新的叙事媒介也塑造了许多美狄亚形象，尤其是帕索里尼（Pasolini 1969），达辛（Pasolini 1970）和冯·提尔（Von Trier 1988）的版本。电影作为一种超越一般性壁垒、将文化信息传递给广泛受众的媒介，是现代人认识美狄亚的重要组成部分。克里斯蒂（Christie 2000，145）在评论电影作品时甚至断言，它们"无疑是20世纪所有媒介的神话叙事中最重要的再创作之一"。克里斯蒂运用现代文学、戏剧分析的所有后结构主义工具"解读"神话，为深入研究电影这一媒介提供了一个令人信服的案例。尽管许多批评方法与我们所探讨的神话实例一样，都是时代的产物，但我们也可以看到，这些方法不断回归到古希腊-罗马世界的母题。比如，在冯·提尔的《美狄亚》（*Medea*）中，美狄亚被定位成基督教与异教世界之间的冲突性人物，这与我们在第四章中探讨过的死亡、神性以及暗黑之神与奥林波斯诸神之间的冲突等古希腊问题如出一辙；我们甚至还可以将其与第八章论及的基督教背景下异教神话的存续联系起来解读。克里斯蒂也讨论过帕索里尼如何展现了美狄亚"沉溺"于伊阿宋，直到在科林斯才恢复理智，这也正反映了我们从神话的最初阶段就看到的，人物性格与叙事版本之间一致性的老问题。克里斯蒂进一步强调了神话思维运作的不同层面：沐浴在阳光下的结尾场景，反映出赫利奥斯作为祖先的角色；但克里斯蒂认为，帕索里尼的本意是"末日启示（apocalyptic）"——

伊阿宋与科林斯的毁灭是社会衰败的必然结果。

克里斯蒂讨论的最后一部电影——达辛（Jules Dassin）的《激情幻梦》（*The Dream of Passion*），是三部电影中最具"元戏剧"色彩的一部，故事中又包含一个故事，一个"真实"的儿童杀手故事与美狄亚戏剧的上演并置在一起。这使我们即刻联想到第七章中谈到的奥维德式插入叙事、框架的手法，同时也体现出美狄亚在整个神话中所表现出的本质上的自反性。我们不禁要问：这些神话的再创造是否有什么特别的"20世纪"或"现代"之处？或者我们是否只是看到了相同的过程以不同的形式上演？我们对美狄亚电影角色的分析，只能放置到更广泛的讨论——古希腊-罗马世界在电影中的地位变化中进行；这个话题近年来受到了相当多的关注，读者可以参阅本书最后"拓展阅读"中的参考书目。

修正式解读

在戏剧领域之外，还有一些其他解读方法，特别是克里斯塔·沃尔夫（Christa Wolf）的修正式解读。在她的《美狄亚：声音》（*Medea: Stimmen*,1996）中，沃尔夫否认美狄亚犯下了任何实际罪行。就我们在第四章中所讨论的父权制思想来说，这是一个与其直接对抗的神话版本。沃尔夫将故事背景设定在一个充满社会变革和冲突的世界，在这一背景下，基于女神力量的古老母系宗教，正在被削弱女性的父系宗教所取代。权力和控制问题不仅与精神问题相关联，同样也与一种道德困境——当社会规则错误时如何行事——相关联。沃尔夫便营造出一种质疑现实的氛围，整个故事充满了不信任、背叛的气氛。故事的重点不在于魔法，而在于"现实"这一概念如何在无可确信的境况下遭到质疑。美狄亚故事的政治层面与20世纪末的东德社会有关，并与种族认同、仇外心理联系在一起。尽管《美狄亚：声音》不是一个明显的寓言，但其直接政治背景极大地增强了故事的共鸣；而美狄亚的极端行为可以说是对极端情境的唯一反应。

简·卡希尔（Jane Cahill 1995）则从另一个角度描述了美狄亚的神话故事，她的美狄亚是前后同一的，即始终拥有自身的所有特质，于是当她杀死自己的孩子时，她知道自己有能力使他们死而复生。

学术的持续关注

美狄亚一直受到艺术家的关注，古典学者们也在几个世纪以来不断回到美狄亚。其中一个原因，便是文学材料的丰富性以及经典性,毕竟她是抒情诗、戏剧和史诗中的重要人物。另外,美狄亚在神话中是复杂多变的,涉及许多不同的议题。每一代人都在重新解读她,试图理解她,但她却是随时代潮流而变化的民间传说人物——异邦人、被蔑视的女性、杀人凶手、恋爱中的年轻女子等。就神话而言,美狄亚相当于普罗特斯[Proteus]或忒提斯[Thetis],不断改变形态以躲避"追捕"。我们无法将其固定,所以她不断地在变化、成长。

自20世纪末以来的后结构主义世界中,美狄亚这种"变色龙"般的特性大受欢迎。克劳斯在阐释1997年出版《美狄亚:神话、文学、哲学和艺术中的美狄亚文集》(*Medea: Essays on Medea in Myth, Literature, Philosophy and Art*)的理论依据时,这样解释她的吸引力:"在面对美狄亚时,我们也在面对自己内心深处的感受,意识到我们试图强加给世界的微妙秩序背后,其实也潜藏着混乱。"(Clauss 和 Johnston, 1997, 17)

此外,女性在学术领域中的作用日益增强,这也为女性形象的研究提供了新的动力。人类学、神话学及女权主义思想等领域的发展,都为研究美狄亚的形象提供了新的路径。作为男性世界中的自反性人物,美狄亚的故事在女性学者的生活中引起了共鸣。在2004年到2005年撰写此书时,笔者意识到女性在古典学术领域仍然长路漫漫。从中学到大学,甚至以后的学术等级制度变化中，女性仍处于不利地位。尽管在大学古典研究课程中，女性人数往往超过男性；但当我们着眼于权力中心时，情况便大不相同。男性仍然拥有更多的机会在学校学习古代语言，而在大学管理部门担任高级职务的女性却仍然太少。当我们思考美狄亚故事中有关权力、生育方面时，一个发人深思的事实是：在20年前，社会普遍认为产假严重阻碍了女性的研究工作，而且在传统的职业结构中，并没有为女性生育空出时间。尽管如此，许多男性却感到女性以及现代社会不断变化的性别角色所带来的威胁。就业模式的变化往往使男性处于劣势，同时产生孤立感和疏离感，而这种感受有时也关切到外来移民和国籍。在这样一个世界里，美狄亚仍然备受瞩目也就不足为奇了。

小结：时间与地点

在互联网上搜索"美狄亚"这个名字，会引出一个新的视角，这便为我们的讨论提供一个合适的结点。2004年年中的一天，在不同的搜索引擎中输入"美狄亚"，至少有50%的搜索结果与旧金山政治活动家美狄亚·本杰明(Medea Benjamin)有关。她的名字之所以如此特别，是因为这个名字是她自己选择的，并且激发了对手的强烈反应。本杰明一直直言不讳地批评布什政府及其外交政策，但她从"苏茜（Susie）"更名为"美狄亚"则源于其早年生活。本杰明的解释被广泛引用，"我只是不相信这个故事"，她谈到这个经典悲剧时诙谐地说道，"哪个女人会为了一个男人而杀死自己的孩子？我认为她是一个坚强的女人，只是有些人编造了这个故事来诋毁她。"①

美狄亚作为一名受到历史不公正对待的女性，与欧里庇得斯的戏剧中女歌队抱怨诗人对她们的诽谤（参见第六章）如出一辙。然而，本杰明将美狄亚视为一个历史人物，说她受到了不公正的描绘，实际上也是在控制神话，也是在根据自己的关切重塑神话。令人失望的是，正如我们几个世纪以来所看到的那样，神话是一个善变的"仆役"，本杰明的反对者很快就渲染了这个名字所引发的负面联想。

尽管美狄亚的故事具有独特的力量，但我们只能在希腊-罗马神话的广泛接受背景下才能理解它。辛普森在《希腊诸神与英雄：阿波罗多洛斯的〈书库〉》中，谈到了神话在美国社会中的作用，我们可以将其与美狄亚·本杰明的形象联系起来："我只能提出任何有觉悟的人都知道的观点：各种各样的研究者都转向了神话学研究，一定程度上是对我们周围支离破碎（更不用说混乱）的文化的一种回应，此外，它还是美国社会失能

---

① 关于"美狄亚·本杰明"名字的引文来自网站 http://www.sfgate.com/cgi-bin/article.cgi?file=/c/a/ 2002/10/26/MN36571.DTL.CN 的采访录音。

症的一种症候。"(Simpson 1976, 3)

在本书的开篇,我们便对"普遍的神话"提出警告;矛盾的是,当我们结束关于美狄亚神话的讨论时,最终指向了人类社会中普遍存在或者说是反复出现的主题。美狄亚神话可以突显一个社会对"他者"的看法,包括女性、异邦人、异教徒,或因意识形态而分裂的政治对手。我们无法将其定格,也许这正是美狄亚的故事给予我们的教训。我们已经将她视为一个从东方到西方的人物并对此进行了分析,现在是时候回到科尔奇斯了。面对定义和界限,东方哲学的态度则宽松得多。在所谓的"轴心时代(axial age)",欧里庇得斯正在揭开古老故事的神秘面纱,苏格拉底(Socrates)正在试图作出界定;而在另一个地方,一个后来被称作佛陀(Buddha)的人,则提出了一种超越二元论思维的看待世界的新方式。从这一角度来看,美狄亚可以是凡人,也可以是神;可以是男性,也可以是女性;可以是女性力量的正面形象,也可以是女性激情的危险警告。与其受困于对美狄亚进行分类,我们或许更应该意识到:我们每个人都和美狄亚一样,是一个令人困惑的混合体。我们都扮演着不同的角色,以各种不同的方式与世界建立联系。这则神话之所以吸引我们的关注,与其说是因为它的内容,不如说是因为它的流变。在面对美狄亚身份的复杂性时,我们其实也在反观自身的复杂性。

拓展阅读 ①

主要原始资料

1. Pindar *Pythian* Ode 4, trans. in F. Nisetich, *Pindar's Victory Odes* (Baltimore, 1980).

2. Euripides' *Medea*, trans. J.M. Walton, *Euripides: Medea, Phoenician Women, Bacchae* (London, 1998).

3. Apollonios Rhodios, *Argonautica*, trans. R. Hunter, *Apollonius of Rhodes: Jason and the GoldenFleece* (Oxford, 1993).

4. Ovid,*Heroides* 12,trans. H. Isbell,*Ovid: Heroides* (London, 1990).

5. Ovid, *Metamorphoses* Book 7, trans. M.M. Innes, *Ovid: Metamorphoses* (London, 1955).

---

① 为了方便中文读者查阅本书作者所使用过的英文文献，本拓展阅读中的英文作者名保留为英文。——译注

6. Seneca, *Medea*, trans. F. Ahl, *Medea* (Ithaca, 1986).

7. Valerius Flaccus, *Argonautica*, trans. D.R. Slavitt, *The Voyage of the Argo* (Baltimore, 1999).

资料汇编

1.J. J. Clauss 与 S. I. Johnston 合编的《美狄亚：神话、文学、哲学和艺术中的美狄亚文集》(*Medea: Essays on Medea in Myth, Literature, Philosophy and Art*, Princeton, 1997)。一部从不同视角研究美狄亚形象的杰出文集，书中包含一个极佳的参考书目以及一个实用的索引目录。

2.《帕拉斯45：美狄亚与暴力》(*Pallas 45* [1996], *Médée et la violence*)。期刊特辑，收录了多位学者的优秀成果。特辑从心理学解释到攻击行为的类别，重点探讨了美狄亚暴力的各个面向。为便于参考，提供了英文和法文摘要。

3.B. Gentili 与 F. Perusino 合编的《文学艺术中的美狄亚》(*Medea nella letteratura e nell'arte*, Venice, 2000)。一部优秀文章合集，包含一些有效的细节，但材料基本已经在其他地方有所涵盖。适用于研究生，但不是本书阅读后的首选参考书。

4.M. Schuchard 与 A. Speck 合编的《美狄亚的转变：艺

术与科学领域的神话研究》(*Medeas Wandlungen: Studien zu einem Mythos in Kunst und WissenschaftKämmerer*)。特别适用于那些对美狄亚的艺术表现感兴趣的读者,包含一个极佳的参考书目。

5.《神话故事:美狄亚》(*Der altsprachliche Unterricht*, 40.4—5[1997], *Mythen Erzählen: Medea*)期刊版。刊有个别有关神话具体实例的研究文章,包括几篇现代解读。

介绍美狄亚

荣格关于原型的经典论文作为独立文本《原型与集体无意识》(*The Archetypes and the Collective Unconscious*, trans J. Hull, Princeton, 1991)出版。另见 M. Bodkin 在《诗歌中的原型模式:想象的心理学研究》(*Archetypal Patterns in Poetry: Psychological Studies of Imagination*, Oxford, 1934)中关于原型与文学相关性的讨论。此外,人类学家 A. Lang 也撰写了三篇重要的论文来阐释自己的研究思路:《习俗与神话》(*Custom and Mythology*, 1884)、《神话、仪式与宗教》(*Myth, Ritual and Religion*, 1887)、《宗教的形成》(*The Making of Religion*, 1898)。

神话及其出处

关于早期资料来源,可参阅 T. Gantz 的《早期希腊神话:文学艺术资料指南》(*Early Greek Myth: A Guide to Literary and Artistic Sources* [2 volumes], Baltimore and London, 1993)。该书全面介绍了各个故事的古风、古典参考文献,并附有实用的系谱表以及详细的原始参考文献。

Braswell 对品达《皮提亚凯歌之四》的评论(Cambridge, 1988)概述了从赫西俄德直至品达的美狄亚故事。关于这一神话直至欧里庇得斯《美狄亚》时期的详细总结,参见 Mastronarde 的《欧里庇得斯:美狄亚》(*Euripides: Medea*, Cambridge, 2002)。

《古典神话图解词典》(*Lexicon Iconographicum Mythologiae Classicae*, VI.2, 194—202)呈现了美狄亚的形象,M. Schmidt 对其进行了专业的(德语)解读(VI.1, 386—398)。还有一些讨论艺术传统的文章,参见 C. Sourvinou-Inwood 的《不断生成的美狄亚:图像与欧里庇得亚悲剧》(*Medea at a Shifting Distance: Images and Euripidean Tragedy*),载 J.J. Clauss 与 S.I. Johnston 合编的《美狄亚:神话、文学、哲学和艺术中的美狄亚

文集》（253—296）；以及 V. Zinserling-Paul 的《古代艺术中的美狄亚形象》（"Zum Bild der Medea in der antiken Kunst", Klio 61［1979］, 407—436）。关于神话与宗教之间的互动关系，见 S. Price 与 E. Kearns 合编的《牛津古典神话与宗教词典》（*The Oxford Dictionary of Classical Myth and Religion*, Oxford, 2003）——这是一本极佳的参考书，可以从中了解神话与宗教的基本信息，以及关于最新学术思想的评论。L.L.E. Doherty 的《性别与古典神话诠释》（*Gender and the Interpretation of Classical Myth*, London, 2001）则从明确的女性主义立场出发，对神话理论进行了生动探讨。

关于卡利马科斯的《赫卡忒》，请参阅诗歌版本 A. Hollis 的《卡利马科斯：赫卡忒》（*Callimachus: Hecale*, Oxford, 1990），第141页提到了无名的"她"在忒修斯返回雅典时将他认出（fr. 232 Pfister = Hollis. fr. 4）。B.H. Fowler 的《希腊化美学》（*The Hellenistic Aesthetic*, Wisconsin, 1989）对希腊艺术家的创作方法进行了相对全面的调查，这些方法可能与阿波罗尼奥斯的处理方法有一定关系。

起源、民间故事与结构主义

民间故事

研究古典神话与民间故事的最佳起点是 W. Hansen 的《阿里阿德涅之线：古典文学中的国际故事指南》(*Ariadne's Thread: A Guide to International Tales Found in Classical Literature*, Ithaca and London, 2002)。关于"帮手少女"主题的相关思想及其与神话性别解读的关系，可参阅 Doherty 的《性别与古典神话的诠释》(*Gender and the Interpretation of Classical Myth*)。关于杀害儿童的主题，见 J. Fontenrose 的《伊诺和普洛克涅的悲伤》("The Sorrows of Ino and Procne", *TAPA* 79 [1948], 125—167)。有关故事性别解读的真知灼见，也可以在 M. Warner 的《从野兽到金发女郎：论童话故事及其讲述者》(*From the Beast to the Blonde: On Fairy Tales and Their Tellers*, New York, 1995) 中找到。

结构主义

列维-斯特劳斯的经典文章是《神话的结构研究》("The Structural Study of Myth", *Journal of American Folklore*, 68.

270，1955）。关于列维-斯特劳斯及其他学者的相关讨论，参见 M.Hénaff（Mary Baker 译）的《克劳德·列维-斯特劳斯和结构人类学的形成》（*Claude Lévi-Strauss and the Making of Structural Anthropology*, London and Minneapolis, 1998）。

巫术、儿童与神性

巫术

许多文献深入研究了古代世界的巫术。阅读的最佳起点是 D. Ogden 的《古希腊罗马世界的魔法、巫术与鬼魂：原始资料集》（*Magic, Witchcraft and Ghosts in the Greek and Roman Worlds: A Sourcebook*, Oxford, 2002）。这本著作是对巫术的全面描述，提供了有关翻译、注释以及背景研究的主要资源，尤其是第五章重点介绍了美狄亚和喀尔刻。另见 M.W. Dickie 的《希腊-罗马世界的魔法和魔法师》（*Magic and Magicians in the Graeco-Roman World*, London, 2001），及 V. Flint、R. Gordon、G. Luck 和 D. Ogden 的《阿斯隆历史系列——欧洲的巫术和魔法：第二卷 古希腊罗马》（*The Athlone History of Witchcraft and Magic in Europe: Volume 2, Ancient Greece and Rome*, London, 1999）；有关魔法在文学中的作用的分析，见 H. Parry 的《忒尔克西

斯：希腊神话和诗歌中的魔法与想象》(*Thelxis: Magic and Imagination in Greek Myth and Poetry*, Lanham, MD, 1992)。

关于魔法，可参阅 M.W. Dickie 的《塔洛斯魔咒：阿波罗尼奥斯〈阿耳戈英雄纪〉中的魔法、原子理论与悖论》("Talos Bewitched: Magic, Atomic Theory and Paradoxography in Apollonius' *Argonautica* 4.1638—1688", *Papers of the Leeds International Latin Seminar* 6, 1990, 267—296)，文中细致分析了阿波罗尼奥斯叙述背后的科学以及心理学思想。另见 J. J. Winkler 的《欲望的束缚：情色魔咒》("The Constraints of Desire: Erotic Magic Spells", *The Constraints of Desire: The Anthropology of and Gender in Ancient Greece*, London and New York, 1990)。关于古代世界咒语实践的证据，见 J. G. Gager 的《古代世界的咒符和咒语》(*Curse Tablets and Binding Spells from the Ancient World*, Oxford, 1992)，以及 H. D. Betz 的《希腊魔法笺注译本（含德莫西咒语）》(*The Greek Magical Papyri in Translation, Including the Demotic Spells*, 2nd edn, Chicago, 1992)。

关于忒俄克利托斯《牧歌 2》以及诗与魔法之间的互动，见 F.T. Griffiths 的《忒俄克利托斯〈牧歌 2〉中的"药"之歌》(*Poetry as Pharmakon in Theocritus Idyll* 2)，收录于 G.W. Bowerstock、W.

Burkert 和 M.J. Putnam 的《最明亮的星：致 Bernard M.W. Knox 65 岁生日的希腊研究》(*Arktouros*: *Hellenic Studies Presented to Bernard M. W. Knox on the Occasion of his Sixty-Fifth Birthday*, Berlin, 81—88)。关于作为"女巫师"的美狄亚，可参阅 M. Belloni 的《精通草药的美狄亚》("Medea πολυφαρμακος", *CCC* 2, 1981, 117—133)。对女巫的历史解释感兴趣的读者，可参阅 D. Purkiss 的《历史上的女巫：现代早期和 20 世纪的表述》(*The Witch in History. Early Modern and Twentieth Century Presentations*, London and New York, 1996)。这不是一本目录，而是对文本互动以及出于特定目的而使用女巫形象的研究，尤其对戏剧中的女巫进行了出色分析，并对古代资料的使用加以部分评论。

儿童

参见 P. E. Easterling 的《欧里庇得斯〈美狄亚〉中的弑婴》("The Infanticide in Euripides' *Medea*", *Yale Classical Studies* 25, 1977, 77—91)。在这篇颇具影响力的文章中，作者基于最近报道的母亲杀死自己孩子的事件，对欧里庇得斯的版本进行了分析。最近，Sztulman 指出美狄亚失去家庭与精神崩溃有关，见 H. Sztulman 的《神话、悲剧、心灵——美狄亚：从欺骗到抑郁，再到边缘型人格的弑婴行为》（"Le mythique, le tragique, le psychique: Médée. De la deception à la dépression et au passage a l'acte infanticide chez un sujet état-limite", *Pallas* 45, 1996, 46—74）。另见 L. Corti 的《美狄亚神话与弑童》（*The Myth of Medea and the Murder of Children*, Westport, CT, 1998），这是对神话的一种另类解读，将故事理解为与精神创伤以及社会对儿童的敌意有关。

关于古代儿童的遗弃问题，见 M. Golden 的《古人关心他们的孩子何时死去吗？》（"Did the Ancients Care When their Children Died?", *Greece and Rome* 35, 1988, 152—163）。另外，M. Schmidt 的《美狄亚和赫拉克勒斯：两个悲惨的弑童者》（"Medea und Herakles, zwei tragische Kindermörder", E. Böhr and W. Martini [eds], *Studien zur Mythologie und Vasenmalerei*, Mainz am Rhein, 1986, 169—174）讨论了展现美狄亚和赫拉克勒斯的花瓶。本书作者关于赫拉克勒斯以及死亡观念的进一步思考，见 E. M. Griffiths 的《欧里庇得斯的〈赫拉克勒斯〉与追求永生》（"Euripides' *Herakles* and the Pursuit of Immortality", *Mnemosyne* 52, 2002, 641—656）。关于美索不达米亚弑童恶魔的神话，参见 J. A. Scurlock 的《抢夺婴儿的恶魔、不安的灵魂和分娩的危险：古代美索不达米亚应对母性危险的医学 – 魔

法手段》("Baby-Snatching Demons, Restless Souls and the Dangers of Childbirth: Medico-Magical Means of Dealing with Some of the Perils of Motherhood in Ancient Mesopotamia", *Incognita* 2, 1991, 1—112)。

神性

关于希腊宗教习俗的详细介绍,可参阅 S. Price 的《古希腊人的宗教生活》(*Religions of the Ancient Greeks*, Cambridge, 1999)。关于魔法与宗教之间的相互作用,见 R. Fowler 的《希腊魔法,希腊宗教》("Greek Magic, Greek Religion", *Illinois Classical Studies* 20, 1995, 1—22)。关于赫卡忒,见 D. Boedeker 的《赫卡忒:〈神谱〉中的超功能女神?》("Hecate: A Transfunctional Goddess in the *Theogony*?", *TAPA* 113, 1983, 79—97)。

种族、性别与哲学

种族认同

关于希腊思想中"他们和我们"的一般原则,可参阅 P. Cartledge 的《希腊人:自我与他者的肖像》(*The Greeks. A*

Portrait of Self and Others, Oxford, 1993），书中详细介绍了希腊人通过"他者"概念进行自我定义的原则。E. Hall 的《创造蛮族：希腊悲剧中的自我定义》（*Inventing the Barbarian: Greek Self-Definition through Tragedy*, Oxford, 1989）是研究希腊悲剧中种族问题的相关著作。关于伯利克里公民权法的细节，参见 A. Boegehold 的《公元前451—前450年的伯里克利公民法》（"'Perikles' Citizenship Law of 451/450 BC", A. Boegehold and A. Scafuro (eds), *Athenian Identity and Civic Ideology*, Cambridge, 1994, 57—66）；关于该法与欧里庇得斯戏剧之间的联系，见 R. Friedrich 的《美狄亚·阿波利斯：论欧里庇得斯对城邦危机的戏剧化》（"'Medea Apolis: On Euripides' Dramatization of the Crisis of the Polis", A.H. Sommerstein et al. [eds], *Tragedy, Comedy and the Polis*, Bari, 1993, 219—239）。D. Purkiss 也在《历史上的女巫：现代早期和20世纪的表述》第十章中详细探讨了女巫形象如何作为种族定义的核心。

性别

关于希腊妇女地位的总体概述，见 N. Demand 的《古代希腊的分娩、死亡与母亲》（*Birth, Death and Motherhood in*

Classical Greece, Baltimore, 1994)。关于希腊的性和性别观念，见 D.M. Halperin、J.J. Winkler 和 F.I. Zeitlin 合编的《性之前：古希腊世界情欲体验的建构》(*Before Sexuality: The Construction of Erotic Experience in the Ancient Greek World*, Princeton, 1990)。关于女性声音所引发的问题，并不限于在戏剧中，M. McClure 也在其所著的《像女人一样言说：雅典戏剧中的语言和性别》(*Spoken Like a Woman. Speech and Gender in Athenian Drama*, Princeton, 1999)一书中深入探究了这一问题。另见 G. Holst-Warhaft 的《危险的声音：女性哀歌与希腊文学》(*Dangerous Voices: Women's Laments and Greek Literature*, London, 1992)，探讨了哀歌如何让妇女在社会中发出声音。H. Parry 在他的《喀尔刻与诗人：忒俄克利托斯 IX 35—36》("Circe and the Poets: Theocritus IX 35—36", *Illinois Classical Studies* 12.1, 1987, 7—22)中也讨论了喀尔刻和美狄亚的语言操纵力量。关于戏剧作为"他者"——因此也是女性的地位，F. I. Zeitlin 的《扮演他者：戏剧、戏剧化和希腊戏剧中的女性》("Playing the Other. Theater,Theatricality and the Feminine in Greek Drama" J. J. Winkler and F.I. Zeitlin [eds], *Nothing to do with Dionysos*? Princeton, 1990, 63—96)具有一定的开创性。

哲学

从 Mastronarde 的评注（2002 年，附录第 386 页及以下各页）中，可以判断出学术界对欧里庇得斯作品中可能存在篡改的争论情况。J.M. Dillon 在《哲学家中的美狄亚》（"Medea among the Philosophers", J.J. Clauss and S.I. Johnston［eds］, *Medea*: *Essays on Medea in Myth*, *Literature*, *Philosophy and Art*, *Princeton*, 1997, 211—218）中详细论述了美狄亚的哲学解读。另见 C. Gill 的《自我分裂的两段独白：欧里庇得斯的〈美狄亚〉1021—1080 与塞涅卡的〈美狄亚〉893—977》（"Two Monologues of Self-Division: Euripides' *Medea* 1021—1080 and Seneca's *Medea* 893—977", P. Hardie and M. Whitby［eds］, *Homo Viator*: *Classical Essays for John Bramble*, Bristol, 1987, 25—37）。C. Gill 的《克律西波斯理解美狄亚吗？》（"Did Chrysippus Understand Medea?", *Phronesis* 28, 1983, 136—149）则更像是一篇面向哲学家而非普通读者的文章。

欧里庇得斯

最好的起点（在阅读了戏剧本身之后！）是 W. 艾伦的《欧

里庇得斯：美狄亚》（*Euripides: Medea*, London, 2002），这是一部简短的介绍，概述了该剧的主题及其接受。对希腊文本的最佳评注是 D. Mastronarde 的《欧里庇得斯：美狄亚》（*Euripides: Medea*, Cambridge, 2002），适合那些学习希腊语以及处于更高水平的读者，也适合那些阅读译文的读者。书中包含一段长篇介绍，不仅概述了欧里庇得斯之前神话的发展，也清晰总结了欧里庇得斯的戏剧与涅俄佛隆的戏剧之间可能存在的关系。那些用希腊语阅读欧里庇得斯《美狄亚》的读者可能还想阅读 A. F. Elliott 的《欧里庇得斯：美狄亚》（*Euripides: Medea*, Oxford, 1969），这是一本简短但有用的评论，旨在提供语言上的帮助。有关残缺以及失传戏剧的现存细节，T.B.L. Webster 的《欧里庇得斯的悲剧》（*The Tragedies of Euripides*, London, 1967）提供了一份适用的说明。关于美狄亚在失传的希腊戏剧中的作用，可以参阅 M. Bell'do 的《希腊戏剧中的其他美狄亚》（"Les autres Médées du théatre grec", *Pallas* 45, 1996, 57—69）；另见 D. Pralon 的《欧里庇得斯的〈珀利阿斯的女儿们〉》（"Les Peliades d'Euripide", *Pallas* 45, 1996, 69—86）。

A.J. Podlecki 在《女性可以出席古雅典的剧院吗？》（"Can Women Attend the Theater in Ancient Athens?", *Ancient World* 21, 1990, 27—43）中，对女性出现在前 5 世纪戏剧观众中的认

同及否定证据作了很好的调查。另见 S. Goldhill 的《代议制民主:"大酒神节"中的女性》("Representation Democracy: Women at the Great Dionysia", R. Osborne and S. Hornblower [eds], *Ritual*, *Finance*, *Politics*, Oxford, 1994, 349—369)。

美狄亚在杀死孩子的同时也摧毁了自身的女性气质,这一观点引起了几位学者的争论,包括 L. Galis 的《美狄亚的变形》("Medea's Metamorphosis", *Eranos* 90, 1992, 65—81),以及 AP Burnett 的《美狄亚与复仇悲剧》("Medea and the Tragedy of Revenge", *Classical Philology*, 68.1, 1973, 1—24)。

从希腊到罗马

W. Allan 在《"大希腊"的欧里庇得斯——关于悲剧的早期接受》("Euripides in Megale Hellas. Some Aspects of the Early Reception of Tragedy", *Greece and Rome* 48, 2001, 67—80)中,深入探讨了希腊戏剧在意大利南部的流行。关于美狄亚在阿波罗尼奥斯《阿耳戈英雄纪》中的作用,可参阅 R.L. Hunter 的《阿耳戈英雄纪 第3卷》(*Argonautica*, *Book III*, Cambridge, 1989)。

U. Reinhardt 在《图像中的儿童杀手:作为美狄亚神话文

学文本叙事补充的艺术传统实例》("Die Kindermörderin im Bild. Beispiele aus der Kunsttradition als Erzänzung literarischer Texte zum Medeamythos", B. Gentili and F. Perusino [eds], *Medea nella letteratura e nell'arte*, Venice, 2000, 89—106)中,对美狄亚在从希腊到罗马的艺术传统中的作用进行了讨论。

P. Zanker 和 B.C. Ewald 合著了《与神话同在:罗马石棺的图像世界》(*Mit Mythen Leben. Die Bilderwelt der römischen Sarkophage*, Munich, 2004),其中第二章讨论了美狄亚在罗马石棺上的作用。另见 M. Schmidt 的《巴塞尔的美狄亚石棺》(*Der Basler Medeasarkophag*, Tübingen, 1968)。A. Arcellaschi 在《从埃尼乌斯到塞涅卡:拉丁戏剧中的美狄亚》(*Médée dans le théâtre latin d'Ennius à Sénèque*, Rome, 1990)中,讨论了美狄亚在早期拉丁戏剧中的呈现。关于奥维德笔下的美狄亚,可参阅 S. Hinds 的《奥维德笔下的美狄亚:一个互文女英雄的生活场景》("Medea in Ovid: Scenes from the Life of an Intertextual Heroine", *Materiali e Discussioni*, 30, 1993, 9—47),以及 C. Newlands 的《奥维德笔下美狄亚的变形》("The Metamorphosis of Ovid's Medea", J.J. Clauss and S.I. Johnston [eds], *Medea: Essays on Medea in Myth, Literature, Philosophy and Art*, Princeton, 1997, 178—210)。在同卷中,

M. Nussbaum 的《狡黠的灵魂：解读塞涅卡的美狄亚》("Serpents in the Soul: A Reading of Seneca's Medea") 也讨论了塞涅卡笔下的美狄亚。关于塞涅卡的悲剧，M. Erasmo 的《罗马悲剧：戏剧与戏剧性》(*Roman Tragedy. Theatre and Theatricality*, Austin, 2004) 和 T. Boyle 的《悲剧的塞涅卡》(*Tragic Seneca*, London, 1997)，都将美狄亚这一角色视为"剧作家"。关于美狄亚在瓦莱里乌斯·弗拉库斯《阿耳戈英雄纪》中的角色，见 T. Stover 的《面对美狄亚：瓦莱里乌斯·弗拉库斯〈阿耳戈英雄纪〉中的体裁、性别与影射》("Confronting Medea: Genre, Gender and Allusion in the *Argonautica* of Valerius Flaccus", *CPh*, 98.2, 2003, 123—147)。

希腊罗马之后

关于塞涅卡与莎士比亚之间的关系，参见 B. 阿金斯的《沉重的塞涅卡：塞涅卡对莎士比亚悲剧的影响》("Heavy Seneca: His Influence on Shakespeare's Tragedies", *Classics Ireland*, 2, 1995)。

对于那些对戏剧表现形式感兴趣的读者来说，最好的阅读起点是 E. Hall、F. Macintosh 和 O. Taplin 合编的《表演中的美狄亚：

1500—2000》(*Medea in Performance*: 1500—2000, Oxford, 2000)。即便该书的侧重点是英语世界的戏剧表演,但它为广泛的全球传统之下,尤其是希腊和日本传统之下的文学提供了一个有益的起点。另见 E. Hall 的《美狄亚与一战前的英国立法》("Medea and British Legislation before the First World War", *Greece and Rome*, n.s. 46, 1999, 42—77),这篇文章对如何利用神话来表达时下的政治关切,尤其是离婚问题进行了分析。

20 世纪和 21 世纪的美狄亚

Liz Lochhead 的戏剧以《美狄亚(欧里庇得斯之后)》(*Medea [after Euripides]*, London, 2000)为名出版。关于美狄亚的南非经历,可参阅 M. Mezzabotta 的《新南非的古希腊戏剧》("Ancient Greek Drama in the New South Africa", L. Hardwick et al. [eds], *Theatre: Ancient and Modern*, Milton Keynes, 2000)。

关于电影中的美狄亚,已有相当多的学术研究,这成为一个主要的欧洲现象,研究包括 G. Iérano 的《20 世纪的三个美狄亚:阿尔瓦罗、帕索里尼、沃尔夫》("Tre Medee del Novecento: Alvaro, Pasolin, Wolf", B. Gentili and F. Perusino [eds], *Medea nella letteratura e nell'arte*, Venice, 2000, 177—

198); B. Feichtinger 的《看见美狄亚:皮埃尔·保罗·帕索里尼的电影〈美狄亚〉教学》("Medeas sehen. Pier Paolo Pasolinis Film 'Medea' im Unterricht", *Der altsprachliche Unterricht* 40. 4—5, 1997),《讲述神话:美狄亚》(*Mythen Erzählen*: *Medea*, 107—119); D.N. Mimoso Ruiz 的《电影中的美狄亚神话:图像中的炽热暴力》("Le myth de Médée au cinéma: l'incandescence de la violence à l'image", *Pallas*, 45, 1996),《美狄亚与暴力》(*Médée et la violence*, 251—268); C. Wolf 的《美狄亚·声音》(*Medea*: *Stimmen*, Darmstadt, 1996),英译本为 J. Cullen 的《美狄亚:现代重述》(*Medea: A Modern Retelling*, London, 1998); U. Schmidt-Berger 的《克里斯塔·沃尔夫的〈美狄亚〉:神话的女权主义转变》("Christa Wolf's 'Medea'". Eine feministische Transformation des Mythos', *Der altsprachliche Unterricht* 40. 4—5, 1997)是强调该作品东德语境的解读。

关于女性在古典学术中的角色问题,可参阅 V. Zajko 的个人观点《看似真理的谬误》("False Things which Seem Like the Truth", J. P. Hallett and T. Van Nortwick [eds], *Compromising Traditions*: *The Personal Voice in Classical Scholarship*, London and New York, 1997, 54—72)。

参考文献

Aldrete, C.S. (1999), *Gestures and Exclamations in Ancient Rome* (Baltimore and London).

Allan, W. (2001), "Euripides in Megale Hellas. Some Aspects of the Early Reception of Tragedy", *Greece and Rome* 48: 67–86.

Arcellaschi, A. (1990) *Médée dans le théâtre latin d'Ennius à Sénèque* (Rome).

Barry, M. (1996), *Beginning Theory* (Manchester).

Belloni, L. (1981), "Medea πολυφαρμακος", *CCC* 2: 117–133.

Bernabé, A. (1987), *Poetae Epici Graeci 1* (Leipzig).

Betz, H.D. (1992), *The Greek Magical Papyri in Translation, including the Demotic Spells* (2nd edn, Chicago).

Boardman, J. (1965), *The Greeks Overseas. The Early Colonies and Trade* (London).

Bodkin, M. (1934), *Archetypal Patterns in Poetry: Pyschological*

Studies of Imagination (Oxford).

Boedeker, D. (1983), "Hecate: A Transfunctional Goddess in the Theogony?", *TAPA* 113: 79–101.

Boedeker, D. (1997), "Becoming Medea: Assimilation in Euripides", in J.J. Clauss and S.I. Johnston (eds), *Medea: Essays on Medea in Myth, Literature, Philosophy and Art* (Princeton), 127–148.

Boegehold, A. (1994), "Perikles" Citizenship Law of 451/450 BC", in A. Boegehold and A. Scafuro (eds), *Athenian Identity and Civic Ideology* (Cambridge), 57–66.

Bradley, K. (1998), "The Sentimental Education of the Roman Child. The Role of Pet-Keeping", *Latomus* 57: 523–557.

Braswell, K. (1988), *Commentary on Pindar Pythian Ode 4* (Cambridge).

Bremmer, J.N. and Horsfall, N.M. (1987), *Roman Myth and Mythography* (BICS supplement) (London).

Burnett, A. (1971), *Catastrophe Survived: Euripides' Plays of Mixed Reversal* (Oxford).

Burnett, A. (1973), "Medea and the Tragedy of Revenge", *CPh* 68: 1–24.

Butler, J. (1990), *Gender Trouble: Feminism and the Subversion of Identity* (London).

Cahill, J. (1995), *Her Kind: Stories of Women from Greek Mythology* (Orchard Park, NY).

Carpenter, T.H. (1991), *Art and Myth in Ancient Greece* (London).

Cartledge, P. (1993), *The Greeks. A Portrait of Self and Others* (Oxford).

Christie, I. (2000), "Between Magic and Realism: Medea on Film", in E. Hall, F. Macintosh and O. Taplin (eds), *Medea 1500-2000* (Oxford), 142-167.

Clauss, J.J. (1997), "Conquest of the Mephistophelian Nausicaa: Medea's Role in Apollonius' Redefinition of the Epic Hero", in J.J. Clauss and S.I. Johnston (eds), *Medea: Essays on Medea in Myth, Literature, Philosophy and Art* (Princeton), 149-177.

Clauss, J.J. and Johnston, S.I. (eds) (1997), *Medea: Essays on Medea in Myth, Literature, Philosophy and Art* (Princeton).

Collins, D. (2003), "Nature, Cause and Agency in Greek Magic", *TAPA* 13.1: 17-50.

Corti, L. (1998), *The Myth of Medea and the Murder of Children*

(Westport, CT).

Cyrino, M. (1996), "When Grief is Pain. The Psychodynamics of Abandonment and Filicide in Euripides' *Medea*", *Pacific Coast Philology* 3: 1–12.

Davidson Reid, J. (1993) "Medea", in *Oxford Guide to Classical Mythology in the Arts 1300–1900s* (Oxford), 643–650.

Davies, M. (1989), "Deianeira and Medea: A Footnote to the Pre-History of Two Myths", *Mnemosyne* 42: 469–472.

Des Places, E. (1971), *Oracles Chaldaïques, Avec un choix de commentaries anciens* (Paris).

Dickie, M. W. (1990), "Talos Bewitched: Magic, Atomic Theory and Paradoxography in Apollonius' *Argonautica* 4. 1638–1688", *Papers of the Leeds International Latin Seminar* 6: 267–296.

Dickie, M. W. (2000), "Who Practised Love-Magic in Classical Antiquity and in the Late Roman World?", *CQ* 50: 563–568.

Dillon, J.M. (1990), "Medea among the Philosophers", in J.J. Clauss and S.I. Johnston (eds), *Medea: Essays on Medea in Myth, Literature, Philosophy and Art* (Princeton), 211–218.

Doherty, L.E. (2001), *Gender and the Interpretation of Classical Myth* (London).

Dowden, K. (1989), *Death and the Maiden. Girls' Initiation Rites in Greek Mythology* (London).

Dunn, F.M. (1994), "Euripides and the Rites of Hera Akraia", *GRBS* 35: 103–115.

Easterling, P.E. (1977), "The Infanticide in Euripides' Medea', *Yale Classical Studies* 25: 77–91.

Eisner, R. (1979), "Euripides' Use of Myth", Arethusa 121: 153–174.

Elliott, A.F. (1969), *Euripides: Medea* (Oxford).

Erasmo, M. (2004), *Roman Tragedy. Theatre and Theatricality* (Austin).

Evans, J.G. and Jones, R.M. (eds) (1973) *Llyr Gwyn Rhydderch* (Cardiff).

Falivene, M.R. (2000), "L'invincible debolezza: Medea nella Argonautica di Apollonio Rodio", in B. Gentili and F. Perusino (eds), *Medea nella letteratura e nell'arte* (Venice), 109–116.

Friedrich, R. (1993), "Medea Apolis: On Euripides' Dramatization of the Crisis of the Polis", in A.H. Sommerstein et al. (eds), *Tragedy, Comedy and the Polis* (Bari), 219–239.

Fontenrose, J. (1948), "The Sorrows of Ino and Procne",

TAPA 79: 125–167.

Fowler, B.H. (1990), *The Hellenistic Aesthetic* (Madison, WI).

Fowler, R. (1995), "Greek Magic, Greek Religion", *Illinois Classical Studies* 20: 1–22.

Frazer, J. (1922), *The Golden Bough* (abr., London, 1993).

Gager, J.G. (1992), *Curse Tablets and Binding Spells from the Ancient World* (Oxford).

Gantz, T. (1993), *Early Greek Myth: A Guide to Literary and Artistic Sources* (2 volumes) (Baltimore and London).

Gentili, B. and Perusino, F. (eds) (2000), *Medea nella letteratura e nell'arte* (Venice).

Giannini, P. (2000), "Medea nell'epica e nella poesia lirica e tardo arcaica", in B. Gentili and F. Perusino (eds), *Medea nella letteratura e nell'arte* (Venice), 65–82.

Gill, C. (1983), "Did Chrysippus Understand Medea?", Phronesis 28: 136–149.

Gill, C. (1987) "Two Monologues of Self-Division: Euripides' Medea 1021–1080 and Seneca's *Medea* 893–977" in M. Whitby, P. Hardie and M. Whitby (eds), *Homo Viator: Classical Essays for John Bramble* (Bristol), 25–37.

Golden, M. (1988), "Did the Ancients Care when their Children Died?" *Greece and Rome* 35: 152–163.

Graf, F. (1997), "Medea: The Enchantress from Afar. Remarks on a Well-Known Myth", in J.J. Clauss and S.I. Johnston (eds), *Medea: Essays on Medea in Myth, Literature, Philosophy and Art* (Princeton), 21–43.

Griffiths, E.M. (2002), "Euripides' Herakles and the Pursuit of Immortality", *Mnemosyne* 52: 641–656.

Griffiths, F.T. (1979), "Poetry as Pharmakon in Theocritus Idyll 2", in G.W. Bowerstock, W. Burkert and M.J. Putnam (eds), *Arktouros: Hellenic Studies presented to Bernard M.W. Knox on the Occasion of his Sixty-Fifth Birthday* (Berlin), 81–88.

Guirard, H. (1996), "La Figure de Médée sur les vases grecs", *Pallas 45, Médée et la violence*, 207–218.

Gummert, P. (1997), "Medea in des Argonautica des Apollonios Rhodios", in *Der altsprachliche Unterricht* 40. 4–5, *Mythen Erzählen: Medea*, 5–15.

Gutzwiller, K. (2004), "Seeing Thought: Timomachus' Medea and the Ecphrastic Epigram", AJPh 125: 339–386.

Hall, E. (1989), *Inventing the Barbarian: Greek Self-Definition through Tragedy* (Oxford).

Hall, E. (1999), "Medea and British Legislation before the First World War", *Greece and Rome* 46: 42–77.

Halm-Tisserant, M. (1993), *Cannibalisme et immortalité* (Paris).

Hansen, W. (2002), *Ariadne's Thread: A Guide to International Tales Found in Classical Literature* (Ithaca and London).

Hard, R. (1997), *Apollodorus: The Library of Greek Mythology* (Oxford).

Hénaff, M. (1998) (trans. Mary Baker) *Claude Lévi-Strauss and the Making of Structural Anthropology* (London and Minneapolis).

Hesk, J.P. (2000), *Deception and Democracy in Classical Athens* (Cambridge).

Hinds, S. (1993), "Medea in Ovid: Scenes from the Life of an Intertextual Heroine", *Materiali e Discussioni* 30: 9–47.

Hoffer, P.C. and Hull, N.E.H. (1984), *Murdering Mothers: Infanticide in England and New England 1558–1803* (New York and London).

Holland, L. (2003), "Myth and Plot in Euripides' Medea", *TAPA* 133.2: 255–280.

Holst-Warhaft, G. (1992), *Dangerous Voices: Women's Laments and Greek Literature* (London).

Hunter, R. (1989), Argonautica Book III (Cambridge).

Hunter, R. (1993), *Apollonius of Rhodes: Jason and the Golden Fleece* (Oxford).

Hutchinson, G. (1988), *Hellenistic Poetry* (Oxford).

Huxley, G. (1969), *Greek Epic Poetry from Eumelos to Panyassis* (London).

Johnston, S.I. (1990), Hekate Soteira: A Study of Hekate's Roles in the Chaldean Oracles and Related Literature (Atlanta, GA).

Johnston, S.I. (1995) "Defining the Dreadful: Remarks on the Greek Child-Killing Demon", in P. Mirecki and M. Meyer (eds), *Ancient Magic and Ritual Power* (Leiden), 355–381.

Johnston, S.I. (1997) "Corinthian Medea and the Cult of Hera Akraia", in J. J. Clauss and S. I. Johnston (eds), *Medea: Essays on Medea in Myth, Literature, Philosophy and Art* (Princeton), 44–70.

Johnston, S.I. (1999), *Restless Dead. Encounters Between the Living and the Dead in Ancient Greece* (Berkeley).

Isbell, H. (trans.) (1990), *Ovid: Heroides* (New York).

Isler-Kerényi, M. (2000), "Immagini di Medea", in B. Gentili and F. Perusino (eds), *Medea nella letteratura e nell' arte* (Venice), 117–138.

Jackson-Knight, W.F. (1970), *Elysion. Ancient Greek and Roman Beliefs concerning Life after Death* (London).

Jones, G. and Jones, T. (1949), *The Mabinogion* (London).

Jung, C.G. (1991), *The Archetypes and the Collective Unconscious* (trans. R. F. C. Hull) (London).

Just, R. (1989), *Women in Athenian Law and Life* (London).

Kestner, J. (1989), *Mythology and Misogyny: The Social Discourse of NineteenthCentury British Classical-Subject Painting* (Madison, WI).

King, H. (1998), *Hippocrates' Women: Reading the Female Body in Ancient Greece* (London and New York).

Knox, B.M. (1977), "The Medea of Euripides", *Yale Classical Studies* 25: 193–225.

Kovacs, D. (1986), "On Medea's Great Monologue (Eur. Medea 1021–1080)", *CQ* 36: 343–352.

Kovacs, D. (1993) "Zeus in Euripides' Medea", *AJPh* 114: 45–70.

Lada-Richards, I. (1999), *Initiating Dionysus. Ritual and Theatre in Aristophanes' Frogs* (Oxford).

Lang, A. (1884), *Custom and Mythology*.

Lang, A. (1887), Myth, *Ritual and Religion*.

Lang, A. (1898), *The Making of Religion*.

Larmour, D. H. J. (1990), "Tragic Contaminatio in Ovid's Metamorphoses: Procne and Medea; Philomela and Iphigeneia (6.424–474); Scylla and Phaedra (8.19–151)", *Illinois Classical Studies* 15.1: 131–141.

Larson, J. (1995), *Greek Heroine Cults* (Madison, WI).

Lesky, A. (1931), "Medeia", *RE* 15: 29–65.

Lévi-Strauss, C. (1955), "The Structural Study of Myth", *American Journal of Folklore*.

Lloyd, G. E. R. (1979), *Magic, Reason and Experience: Studies in the Origin and Development of Greek Science* (Cambridge).

Lochhead, L. (2000), *Medea* (after Euripides) (London).

Loraux, N. (1995), *The Experiences of Tiresias: The Feminine and the Greek Man* (Princeton).

Lyons, D. (1997), *Gender and Immortality. Heroines in Ancient Greek Myth and Cult* (Princeton).

Mackie, C.J. (2001), "The Earliest Jason: What's in a Name?", *Greece and Rome* 48: 102–123.

Maitland, J. (1992), "Dynasty and Family in the Athenian City-State: A View from Attic Tragedy", *CQ* n.s. 42: 26–40.

Martindale, C. (1993), *Redeeming the Text: Latin Poetry and the Hermeneutics of Reception* (Cambridge).

Martindale, C. (1997), "Proper Voices: Writing the Writer", in J.P. Hallett and T. Van Nortwick (eds), *Compromising Traditions: The Personal Voice in Classical Scholarship* (London and New York), 71–101.

Mastronarde, D.M. (ed.) (2002), *Euripides: Medea* (Cambridge).

McClure L. (1999), *Spoken Like a Woman. Speech and Gender in Athenian Drama* (Princeton).

McDermott, E.A. (1989), *Euripides' Medea: The Incarnation of Disorder* (University Park, PA).

McDonagh, J. (2002), "Is Medea's Crime Medea's Glory? Euripides in Dublin", in M. McDonald and J.M. Walton (eds), *Amid Our Troubles: Irish Versions of Greek Tragedy* (London), 213–231.

McGinty, P. (1978), *Interpretation and Dionysos* (The Hague).

Melville, A.D. (trans.) (1986) *Ovid: Metamorphoses* (Oxford).

Michelini, A.N. (1987), *Euripides and the Tragic Tradition* (Madison, WI).

Mimosa-Ruiz, D. (1982), *Médée antique et moderne. Aspects rituals et sociopolitiques d'un mythe* (Paris).

Moreau, A. (1994), *Le Mythe de Jason et Médée: La va-nu-pied et la sorcière* (Paris).

Morris, W. (1867), *The Life and Death of Jason* (London).

Murray, G. (1913), *The Medea of Euripides* (London).

Newlands, C. (1997), "The Metamorphosis of Ovid's Medea", in J.J. Clauss and S.I. Johnston (eds), *Medea: Essays on Medea in Myth, Literature, Philosophy and Art* (Princeton), 178—208.

Newman, J.K. (2001), "Euripides' *Medea*: Structures of Estrangement", *Illinois Classical Studies* 26: 53—76.

Nikolaidis, A.G. (1985), "Some Observations on Ovid's Lost Medea", *Latomus* 44: 383–387.

Nisetich, F. (1980), *Pindar's Victory Odes* (Baltimore).

Nyberg, L. (1992), *Unity and Coherence: Studies in Apollonius Rhodius' Argonautica and the Alexandrian Epic Tradition* (Lund).

O'Brian, J.V. (1993), *The Transformation of Hera: A Study of Ritual, Hero and the Goddess in the "Iliad"* (Lanham, MD).

Orwin, T. (1994), *The Humanity of Thucydides* (Princeton).

Page, D.L. (1938), *Euripides: Medea* (Oxford).

Parry, H. (1987), "Circe and the Poets: Theocritus IX 35–36", *Illinois Classical Studies* 12.1: 7–22.

Parry H. (1988)', Magic and the Songstress. Theocritus *Idyll 2*", *Illinois Classical Studies* 13.1: 1–24.

Pentikaïnen, J. (1968), *The Nordic Dead-Child Tradition. A Study in Comparative Religion* (Helsinki).

Price, S. (1999), *Religions of the Ancient Greeks* (Cambridge).

Purkiss, D. (1996), *The Witch in History: Early Modern and Twentieth-Century Representations* (London).

Rabinowitz, N. and Richlin, A. (eds) (1993), *Feminist Theory and the Classics* (New York and London).

Radermacher, L. (1943), *Mythos und Sage bei den Griechen* (Vienna).

Reinhardt, U. (2000), "Die Kindermörderin im Bild. Beispiele aus der Kunsttradition als Erzänzung literarischer Texte zum Medea-mythos", in B. Gentili and F. Perusino (eds), *Medea nella letteratura e nell'arte* (Venice), 89–106.

Rickert, G. (1987), "Akrasia and Euripides' Medea", *Harvard Studies in Classical Philology* 91: 91–117.

Schmidt, M. (1968), Der Basler Medeasarkophag (Tübingen).

Schmidt, M. (1986), "Medea und Herakles, zwei tragische Kindermörder", in E. Böhr and W. Martini (eds), Studien zur Mythologie und Vasenmalerei (Mainz am Rhein), 169–174.

Scurlock, J.A. (1991), "Baby-Snatching Demons, Restless Souls and the Dangers of Childbirth: Medico-Magical Means of Dealing with Some of the Perils of Motherhood in Ancient Mesopotamia", *Incognita* 2: 1–112.

Seaford, R. (1994), *Ritual and Reciprocity: Homer and Tragedy in the Developing City-Stage* (Oxford).

Seidensticker, B. (1990), "Euripides, Medea 1056–1080: An Interpolation?" in M. Griffith and D.J. Mastronarde (eds), *Cabinet of the Muses* (Atlanta), 89–102.

Segal, C.P. (1982), "Nomen sacrum. Mede and other names in Senecan tragedy", *Maia* n.s. 34: 241–246.

Seznec, J. (1953), *The Survival of the Pagan Gods: The Mythological Tradition and its Place in Renaissance Humanism and Art* (New York).

Sfyroeras, P. (1994), "The Aigeus Scene in Euripides' Medea", *CJ* 90: 125–142.

Simpson, B. (1976), *Gods and Heroes of the Greeks. The Library of Apollodorus.* (Amherst).

Slavitt, D. (trans.) (1999), *The Voyage of the Argo: The Argonautica of Gaius Valerius Flaccus* (Baltimore).

Smethurst, M. (2000), "The Japanese Presence in Ninagawa's Medea", in E. Hall, F. Macintosh and O. Taplin (eds), *Medea in Performance 1500–2000* (Oxford), 191–216.

Smith, C. (1999), "Medea in Italy: Trade and Contact between Greece and Italy in the Archaic Period", in G.R. Tsetkhladze (ed.), *Ancient Greeks West and East* (Leiden), 123–145.

Sourvinou-Inwood, C. (1991), *"Reading" Greek Culture* (Oxford).

Sourvinou-Inwood, C. (1995), *"Reading" Greek Death* (Oxford).

Sourvinou-Inwood, C. (1997), "Medea at a Shifting Distance. Images and Euripidean Tragedy", in J.J. Clauss and S.I. Johnston (eds), *Medea: Essays on Medea in Myth, Literature, Philosophy and Art* (Princeton), 242-270.

Steinem, G. (1994), "What if Freud were Phyllis?", in G. Steinem, *Moving Beyond Words* (London), 32-90.

Stone, D. (1984), "Medea and Imitation in the French Renaissance", *Illinois Classical Studies* 9: 215-228.

Stover, T. (2003), "Confronting Medea: Genre, Gender and Allusion in the Argonautica of Valerius Flaccus", *CPh* 98.2: 12-47.

Stowell, S. (1992), *A Stage of their Own. Feminist Playwrights of the Suffrage Era* (Manchester).

Sztulman, H. (1996), "Le Mythique, le tragique, le psychique: Médée. De la deception à la dépression et au passage a l'acte infanticide chez un sujet état-limite", in *Pallas* 45: 45-67.

Traina, A. (1979), "Due note a Seneca tragico", *Maia* 31: 273-276.

Thompson, S. (1961), *The Types of the Folktale: A Classification and Bibliography. Antti Aarne's Verzeichnis de Märchentypen (FF Communication no. 3) translated and enlarged by S. Thompson* (2nd edn, Helsinki).

Turner, F.W. (1989), "Why the Greeks and not the Romans in Victorian Britain?", in G.W. Clarke (ed.), *Rediscovering*

Hellenism: The Hellenic Inheritance and the English Imagination (Cambridge), 61–81.

Visser, M. (1986), "Medea: Daughter, Sister, Wife and Mother. Natal Family versus Conjugal Family in Greek and Roman Myths about Women" in M. Cropp,E. Fantham and S. Scully (eds), *Greek Tragedy and its Legacy. Studies presented to D.J. Conacher* (Calgary), 149–165.

Walton, J.M. and Thompson, D. (2000), *Euripides: Medea, The Phoenician Women, Bacchae* (London).

Warner, M. (1995), *From the Beast to the Blonde: On Fairy Tales and Their Tellers* (New York).

Weisenberger, S. (1998), *"Modern Medea" : A Family Story of Slavery and ChildMurder from the Old South* (New York).

West, M. (1966), *Hesiod: Theogony* (Oxford).

West, M. (1971), *Iambi et Elegi Graeci* (Oxford).

Will, E. (1955), *Korinthiaka* (Paris).

Winkler, J.J. (1990), "The Constraints of Desire: Erotic Magic Spells", in J.J. Winkler (ed.), *The Constraints of Desire: The Anthropology of Sex and Gender in Ancient Greece* (London and New York), 12–34.

Winkler, J.J. (2001) (ed.), *Classical Myth and Culture in the Cinema* (Oxford).

Winter, C. (1960), *Hekate: Studien zu Wesen und Bild der Göttin in Kleinasien und Griechenland* (Heidelberg).

Zajko, V. (1997), "False Things which Seem Like the Truth", in J.P. Hallett and T. Van Nortwick (eds), *Compromising Traditions: The Personal Voice in Classical Scholarship* (London and New York), 54–72.

Zeitlin, F.I. (1990), "Playing the Other. Theater, Theatricality and the Feminine in Greek Drama", in J.J. Winkler and F.I. Zeitlin (eds), *Nothing to do with Dionysos?* (Princeton), 63–96.

Zerba, M. (2002), "Medea Hypokrites", *Arethusa* 35: 315–337.

Zinserling-Paul, V. (1979), "Zum Bild der Medea in der antiken Kunst", *Klio* 61: 407–436.

索 引

(数字指原书页码)

Achilles 阿喀琉斯 8, 52

Actresses' Franchise League "女演员参政联盟" 108

Aeneid《埃涅阿斯纪》98

Aeschylus 埃斯库罗斯 18, 52, 54, 64, 71, 83

Against Aristogeiton (Demosthenes)《反阿里斯托革顿》(德摩斯泰尼) 43

Agamemnon (Aeschylus)《阿伽门农》(埃斯库罗斯) 64, 83

Aietes, King 国王埃厄忒斯 7, 9, 30, 53, 60

Aigeus, King 国王埃勾斯 8, 10, 49, 79, 82

Aison 埃宋 7, 45

akrasia 意志薄弱 68—69

Alexandria 亚历山大 20, 21, 88

Alexandrian Library 亚历山大图书馆 20, 88

Amazons 亚马逊女战士 4

Andromache (Euripides)《安德洛玛克》（欧里庇得斯）43

Anouilh, J. J. 阿努伊 114

Antigone 安提戈涅 79

Antigone (Sophocles)《安提戈涅》（索福克勒斯）111

Antiphon 安提丰 78

Aphrodite 阿芙洛狄忒 43, 53

Apollo 阿波罗 49

Apollodoros of Athens 雅典的阿波罗多洛斯 21—22, 44

Apollonios Rhodios 阿波罗尼奥斯·罗迪奥斯 19, 35, 43, 44, 52, 88—89

Apsyrtos 阿普绪耳托斯 2—3, 7, 10, 47, 49, 52, 57

Arcellaschi, A. A. 阿切拉斯奇 97

archaic literature 古风文学 14—17

Argonautica (Apollonios Rhodios)《阿耳戈英雄纪》（阿波罗尼奥斯·罗迪奥斯）19, 35, 43, 44, 52, 88；《阿耳戈英雄纪》中的"语言与理性"89—90；拉丁文译本 90

Argonautica (Orphic)《阿耳戈英雄纪》（俄耳甫斯）22

Argonautica (Valerius Flaccus)《阿耳戈英雄纪》（瓦莱里乌斯·弗拉库斯）32, 62, 98—99

Argonauts 阿耳戈英雄 30

Ariadne 阿里阿德涅 35

Arians 阿里亚人 60

Aristotle 亚里士多德 19, 69, 74, 78, 83

Armitage, S. S. 阿米蒂奇 112

Artemis 阿耳忒弥斯 31, 53, 60

Asia 亚洲 60

Asklepios 阿斯克勒庇俄斯 45

Asterodeia 阿斯忒罗得亚 10

Athena 雅典娜 15, 50

Athens 雅典 18, 61, 71, 72, 81—83

Augustine, Saint 圣·奥古斯丁 104

Bacchus 巴克斯 46

Barry, M. M. 巴瑞 38

Benjamin, Medea 美狄亚·本杰明 118

Bibliotheca (Apollodoros)《书库》(阿波罗多洛斯) 21—22, 44—45

Boedeker, D. D. 伯德克 79

Bremmer, J.N. and Horsfall, N.M. J.N.布雷默和N.M.霍斯福尔 36

Burne-Jones, E. E. 伯恩-琼斯 107

Burnett, A. A. 伯内特 78

Butler, G. G. 巴特勒 112

Butler, J. J. 巴特勒 64

By the Bog of Cats (Carr) 《猫原边》（卡尔）114

Cahill, J. J. 卡希尔 67, 116

Caria 卡里亚 54

Carr, 卡尔 114

cauldron motif 魔法钵主题 23, 43, 45, 46

Chaldean Oracles 《迦勒底神谕》69

Chalkiope 卡尔喀俄珀 10, 62

Chaucer, G. G. 乔叟 104, 107

Cheiron 喀戎 32, 33

childbirth 分娩 56, 75

children 儿童 10; 儿童与弑童之魔 51—52; 对儿童的敌意 48; 使儿童永生 16; 儿童与弃婴 48—49; 弑婴 5, 8, 16, 36, 47—49, 51—52, 56, 62, 67, 68, 86, 97—98, 108—109

Choephori (Aeschylus) 《奠酒人》（埃斯库罗斯）52

Christianity 基督教 103—104

citizenship 公民权 61

Clauss, J.J. J.J.克劳斯 36

compendia 汇编 21—22

Confessions (St Augustine)《忏悔录》(圣·奥古斯丁) 104

Corneille, P. P.高乃依 44, 107

Corti, L. L.科蒂 107

"Das Golden Fließ"《金羊毛》107

Dassin, J. J.达辛 114, 115

Davidson Reid, J. J.戴维森·里德 104

De Herod (Plutarch)《论希罗多德的恶意》(普鲁塔克) 53

death 死亡 2, 77, 112; 儿童之死 5, 6, 8, 36, 47—49, 51—52, 56, 62, 67, 86, 97—98; 死于异邦人之手 53; 死亡与返老还童 7—8

Deianeira 得阿涅拉 43

Demea (Butler)《德米娅》(巴特勒) 112

Demeter 德墨忒耳 31, 50, 53

Demosthenes 德摩斯泰尼 43

Description of Greece (Pausanias)《希腊志》(保萨尼亚斯) 16

Dialogus (Tacitus)《对话录》(塔西佗) 92

Dikaiarchos 迪卡亚科斯 19

Dillon, J.M. J.M. 迪隆 58

Diodorus Siculus 狄奥多罗斯·西库路斯 22, 50, 60

Dionysos 狄奥尼索斯 65, 71

divinity 神性 52—53

drama 戏剧 63—65, 79—80, 107；跨性别戏剧 114；个人剧 113—114；政治剧 111—113

The Dream of Passion (Dassin)《激情幻梦》（达辛）115

drugs 药 15, 22, 71—72, 105

Eidyuia *see* Iduia 伊杜亚

Eleusinian mysteries 厄琉西斯之谜 50

Elliott, A.F. A.F. 艾略特 66

Ennius 埃尼乌斯 20

Epic Cycle 史诗集群 14

Erichtho 厄里克托 45

Eriopis 埃里奥皮斯 62

Eriphyle 厄里费勒 4

Eros 爱若斯 43

ethnicity 种族 38, 60—61, 112

Eumelos 优麦洛斯 16, 30, 62

Eumenides (Aeschylus)《欧墨尼得斯》(埃斯库罗斯) 54

Euripides 欧里庇得斯 8, 10, 18, 25, 43, 45, 47, 49, 50, 52, 57, 60, 63, 64, 65—66, 68, 72—84, 111—112, 114

Fabulae (Hyginus)《神话指南》(许吉努斯) 22

feminism 女性主义 65—68, 另可参阅"性别""女性"

Feuerbach, A. A. 费尔巴赫 105, 106, 107

film 电影 114—116

folktale 民间故事 33—34, 36, 37, 89

foreigners 异邦人 39, 53, 60

Freud, S. S. 弗洛伊德 107

Garner, Margaret 玛格丽特·加纳 108—109

Gello 盖洛 52

gender 性别 5, 37, 46—47, 61—63, 64—65, 70, 74—75, 另可参阅"女性主义";女性族谱 9—10

Generation of Animals (Aristotle)《论动物的生成》(亚里士多德) 69

Giannini, P. P. 詹尼尼 30

Gigantomachy 巨人之战 54

Glauke 格劳刻 8

Gnaeus Gellius 格涅乌斯·格利乌斯 52

gods 神 53—54, 54, 115

Golden Fleece 金羊毛 7, 15, 32, 36, 38, 54, 56, 88, 99

Grillparzar, F. F. 格里帕泽 107

Grimm brothers 格林兄弟 33

Gutzwiller, K. K. 古茨维勒 25

Hall, E. E. 霍尔 107—108, 111

Halm-Tisserant, M. M. 哈尔姆-蒂瑟兰特 46

Hansen, W. W. 汉森 36

Hard, R. R. 哈德 45

Hekale (Kalimachos)《赫卡忒》(卡利马修斯) 20

Hekate 赫卡忒 10, 31, 45, 53, 54—55, 69, 98

Helen 海伦 42

Helios 赫利奥斯 7, 53, 55, 76, 115

Hellenistic period 希腊化时代 19—20

helper-maiden 帮手少女 35—36, 37, 67, 90

Hera 赫拉 16, 50, 52, 53, 62

Hera Akraia 赫拉-阿卡瑞亚 56

Herakleidai (Euripides)《赫拉克勒斯的儿女》(欧里庇得斯)45

Herakles 赫拉克勒斯 32, 45, 50, 88

Herakles (Euripides)《赫拉克勒斯》(欧里庇得斯)18, 50, 112

Hermes 赫耳墨斯 42

Herodotus 希罗多德 60

Heroides (Ovid)《女杰书简》(奥维德)92—93

Hesiod 赫西俄德 15, 30, 31, 52, 54, 60—61, 89

Hippolyous (Euripides)《希波吕托斯》(欧里庇得斯)43

Histories (Herodotus)《历史》(希罗多德)60

history 历史 13

History of the Peloponnesian War (Thucydides)《伯罗奔尼撒战争史》(修昔底德)48

Holland, L. L. 霍兰德 82

Homer 荷马 7, 14, 35, 90

Hunter, R. R. 亨特 89

Hyginus 许吉努斯 22

hypothesis 假说 19

Iauss, and Johnston, 克劳斯和约翰斯顿 117

Ibykos 伊比库斯 17

identity 身份认同 20, 40, 59, 61, 104, 116

Iduia (Eidyuia, Neaira) 伊杜亚 9, 10

Idyll (Theocritus)《牧歌》(忒俄克利托斯) 20

Iliad《伊利亚特》14

initiation rites 创始仪式 56, 65

Ino 伊诺 73

Institutio oratoria (Quintilian)《雄辩术原理》(昆提利安) 92

internet 网络 118

Iolaos 伊俄拉俄斯 45

Iolkos 伊奥尔库斯 7, 47

Ion 伊翁 49

Iphigeneia in Tauris (Euripides)《伊菲革涅亚在陶洛人里》(欧里庇得斯) 60

Iris 艾瑞斯 50

Isbell, H. H. 伊斯贝尔 92

Isler-Kerényi, M. M. 伊斯勒-凯雷尼 46

Jason 伊阿宋 86, 115; 违背誓言 76; 伊阿宋与儿童 2, 49, 61; 伊阿宋与金羊毛 7, 25, 30, 54, 75; 伊阿宋的"希腊"行为 61; 伊阿宋去克基拉岛 17; 伊阿宋与疗愈相关 32—33; 伊阿宋与爱情魔法 43; 伊阿宋与美狄亚结婚 7—8, 16; 伊阿宋与科林斯公主结婚 8; 伊阿宋与返老还童 23, 45; 作为统治者的伊阿宋 16

Johnston, S.I. S.I. 约翰斯顿 30, 51, 54, 69

Jokasta 伊俄卡斯塔 114

Julian "The Theurgist" "通神师"朱利安 69

Jung, C.G. C.G. 荣格 4, 34

Juno 朱诺 98

Kallimachos 卡利马修斯 20, 88

Karkinos 卡耳喀诺斯 83

Kennelly, B. B. 肯内利 113

Kerberos 刻耳柏洛斯 50

Kerkyra 克基拉岛 17

Kinaethon 西尼松 10

King, H. H. 金 5

Kirke 喀尔刻 7, 9—10, 30, 32, 42, 64, 96—97

Klytaimestra 克吕泰涅斯特拉 4, 52, 64, 79, 83

Knox, B.M. B.M. 诺克斯 82

Kolchian Women (Sophocles) 《科尔喀斯妇女》（索福克勒斯）72

Kolchis 科尔喀斯 7, 30, 60, 96

Kore 科雷 50

Korinth 科林斯 8, 16, 30, 47, 53, 55, 56, 115

Korinthiaka (Eumelos) 《科林斯纪》（优麦洛斯）16—17

Kreon 克瑞翁 64, 66, 73, 114

Kreousa 克瑞乌萨 8, 91

Lamia 拉米亚 52

Lang, A. A. 朗 5

language 语言 43—44, 65, 89—90, 92, 112

Larmour, D.H.J. D.H.J. 拉莫尔 96

The Legends of Good Women (Chaucer) 《贞女传奇》（乔叟）104, 107

Lesky, A. A. 莱斯基 30

Library of Mythology see Bibliotheca (Apollodoros) 《神话文库》同《书库》（阿波罗多洛斯）

Life and Death of Jason (Morris) 《伊阿宋的生与死》（莫

里斯）105, 107

literacy 书写 13—14, 93

literature 文学 107

Llasar Llaes 拉萨尔·莱斯 45

Lloyd, G.E.R. G.E.R. 劳埃德 42

Lochhead, L. L. 洛克海德 112—113

love potions 爱情毒药 43

Lyons, D. D. 莱昂斯 53

Mabinogion《马比诺吉昂》45

Macbeth (Shakespeare)《麦克白》（莎士比亚）60, 104, 105

McDermott, E.A. E.A. 麦克德莫特 81

McDonagh, J. J. 麦克唐纳 113

Mackie, C.J. C.J. 麦基 32—33

magic 魔法 7, 36, 38, 64, 68, 73, 89, 104—105；神圣魔法 44—45；药草魔法 42—43；语言魔法 43—44；返老还童 15, 45—46, 50；符咒 43

marriage 婚姻 15, 49, 55, 56, 63, 66, 76, 112

Martindale, C. C. 马丁代尔 12

Medea 美狄亚：学术对美狄亚的持续关注 116—117；词源学阐释 97；美狄亚在边界上发挥作用 56，57—58，61，90；作为女神的美狄亚 30—32；作为"英雄"的美狄亚 89；作为女英雄的美狄亚 53，56；关于美狄亚的基本知识 3—4；美狄亚与疗愈相关 32—33；美狄亚的心理冲突 68—69；神话传记 7—8，93；作为"他者"的美狄亚 20，61，63；美狄亚故事的内在悖论 93；美狄亚神话的流行 110，112；还原主义解读 31；修正式解读 116；自我意识 93，97—98；自我表演 64—65；多愁善感的美狄亚 98—99；女性被对待的方式 118—119；两个美狄亚 9，30；作为牺牲品 36，43，89，99

Medea (after Euripides) (Lochhead)《美狄亚（欧里庇得斯版本改编）》（洛克海德）112—113

Medea (Euripides)《美狄亚》（欧里庇得斯）18，19，25，49，57，63，64，65—66，68，72；欧里庇得斯的《美狄亚》与雅典 81—83；欧里庇得斯《美狄亚》中的性格与行为 80—81；同一性 78—80；神话影响 83—84；欧里庇得斯《美狄亚》中的女性特质 72—75；欧里庇得斯《美狄亚》中的男－女二分 73—74；欧里庇得斯《美狄亚》中死亡与神性 75—78

Medea (Karkinos)《美狄亚》（卡耳喀诺斯）83

Medea sarcophagi 美狄亚石棺 91

Medea (Seneca)《美狄亚》（塞涅卡）97—98

Medea (Von Trier)《美狄亚》(冯·提尔) 115

Médée (Corneille)《美狄亚》(高乃依) 44

Medeios *see* Medus 美狄奥斯同墨多斯

Medes, Medians 米底人 15, 60

Medus (Medios, Medeios) 墨多斯(美狄奥斯) 6, 8, 10, 15, 62

Mendes, C. C. 门德斯 108

Metamorphoses (Ovid)《变形记》(奥维德) 21, 43, 45, 54, 94—96, 105

Michelini, A.N. A.N. 迈凯里尼 81

Mimnermus 弥涅墨斯 15, 60

Minotaur 米诺陶 35

Mister Herakles (Armitage)《赫拉克勒斯先生》(阿米蒂奇) 112

The Modern Medea (Noble)《现代美狄亚》(诺布尔) 108—109

Mormo 摩耳摩 52

Morris, W. W. 莫里斯 105, 107

multiculturalism 多元文化主义 112

Murray, G. G. 默里 108

myth, 神话:神话的吸收与置换 32—33;原始意象 4—5,

34；起源性神话 56；文化与社会建构 5—6；神话的定义 40；神话的困境 11—12；神话的层次 6—7，40；神话的可塑性 12，22；神话的起源 29—32；神话的力量 109；神话的心理功能 41；神话的作用 118；神话出处 14—23，25—26；神话的传播 13—14；神话的普遍性 4—6，118—119；有关神话的观念 12—13

Natural History (Pliny)《自然志》（普林尼）25

Naupaktia《勒普托卡利亚》17

Nausikaa 瑙西卡 35，90

Neaira *see* Iduia 奈阿依拉同伊杜亚

Neophron 涅俄佛隆 19，81

Nero 尼禄 21

Newlands, C. 纽兰兹 94—96

Nike 耐吉 50

Noble, T. T. 诺布尔 108—109

Nostoi (*Homecomings*)《返乡记》14—15，30

Nurses of Dionysos (Aeschylus)《狄奥尼索斯的奶妈们》（埃斯库罗斯）71

Nyberg, L. L. 尼伯格 89

Oceanid 大洋神女 10

Odysseus 奥德修斯 35

Odyssey《奥德修纪》7, 14, 35, 42, 90

Oidipous 俄狄浦斯 38, 49

Oidipous Tyrannos《俄狄浦斯王》114

old wives' tales "老妇谈" 13, 37

Olympian (Pindar)《奥林匹亚颂歌》(品达) 16, 18

On the Murder of Herodes (Antiphon)《关于谋杀希罗底斯案》(安提丰) 78

oral storytelling 口述讲故事 13—14

Oresteia (Aeschylus)《俄瑞斯忒亚》(埃斯库罗斯) 18

Orpheus 俄耳甫斯 22, 43

the outsider 局外人 36

Ovid 奥维德 20—21, 43, 45, 54, 92—97, 105

Page, D.L. D.L. 佩奇 82

Paris 帕里斯 49

Pasolini, P.P. P.P. 帕索里尼 114, 115

patriarchy 父权制 46, 116

Pausanias 保萨尼亚斯 10, 16—17, 30, 62

Peliades 珀利阿斯的女儿 7

Peliades (Euripides)《珀利阿斯的女儿们》(欧里庇得斯) 72

Pelias 珀利阿斯 7, 30, 71, 77

Pericles 伯利克里 61

Perses 珀耳塞斯 9—10

Pherekydes 菲勒塞德斯 17

philosophy 哲学 68—69, 93

Pindar 品达 17—18, 43, 64

plays, playwrights 戏剧,剧作家 18—19

Pliny 普林尼 25

Plutarch 普鲁塔克 53

Pluto (Hades) 普路托 / 哈德斯 99

The Poetics (Aristotle)《诗学》(亚里士多德) 78

politics 政治 107—108

Politics (Aristotle)《政治学》(亚里士多德) 74

Pompeii 庞贝古城 91—92

Proserpina (Persephone) 普罗塞皮娜 / 佩耳塞福涅 99

psychology 心理学 93, 107

Pythian (Pindar)《皮提亚凯歌》(品达) 18, 43, 64

Quest stories 探险故事 36

Quintilian 昆提利安 92

Rabinowitz, N. and Richlin, A. N. 拉比诺维茨和 65

Radermacher, L. L. 拉德马赫尔 36

rejuvenation 返老还童 7—8, 15, 23, 45—46, 50, 71

reproduction 生殖 47, 49—50, 97

Rhetoric (Aristotle)《修辞学》(亚里士多德) 83

Rhizotomoi (Sophocles)《切根者》(索福克勒斯) 43, 71—72

ritual 仪式 14, 52—53, 55—57

Roman period 罗马时期 20—21, 88—99

Rome 罗马 88, 90—91

Sabines 萨宾人 36

sacrifice 献祭 16, 57

Sandys, F. F. 桑迪斯 105

scholia 注释 16, 19

Seneca 塞涅卡 21, 64, 92, 97—98

sexuality 性欲 47

Seznec, J. J. 塞内克 4

Sfyroeras, P. P. 斯菲罗埃拉斯 82

Shakespeare, W. W. 莎士比亚 60, 104—105

Shaw, Fiona 费奥纳·肖 114

Simaithea 斯迈塔 43

Simonides 西蒙尼德斯 16, 17

Simpson, B. B. 辛普森 118

Sirens 塞壬 43

Slavitt, D. D. 斯拉维特 55, 98, 99

society 社会 105, 107—108

Sophocles 索福克勒斯 43, 71—72, 111

Sourvinou-Inwood, C. C. 苏尔维努-因伍德 12, 86

Stoics 斯多葛派 21, 97

structuralism 结构主义 37—39, 76

Suasoriae (Seneca) 《苏亚索里亚》（塞涅卡）92

suffragettes 女性参政权论者 108

Tacitus 塔西佗 92

Talos 塔洛斯 7, 25, 44

Tarpeia pattern "塔尔皮亚模式" 36

The Tempest (Shakespeare)《暴风雨》(莎士比亚) 104—105

Theocritos 忒俄克利托斯 20, 43

Theogony (Hesiod)《神谱》(赫西俄德) 15, 30, 31, 52, 54, 89

Theoris 斯蒂利斯 43

Theseus 忒修斯 8, 20, 32, 35

Thesprotion 忒斯普罗提安 52

Thessaly 塞萨利 60

Thompson, S. S. 汤普森 34

Thucydides 修昔底德 48

Titans 泰坦家族 31

Trachinia (Sophocles)《特拉基斯妇女》(索福克勒斯) 43

Traina, A. A. 特拉娜 97

transformation/metamorphosis 变换、变形 96—97

Trojan War 特洛亚战争 14—15, 49

Trojan Women (Euripides)《特洛亚妇女》(欧里庇得斯) 111—112

Unitarian Theory "一神论" 30

Valerius Flaccus 瓦莱里乌斯·弗拉库斯 32, 54, 62, 98—99

Varro, P. Terentius Atacinus 阿塔西努斯 90

Venus 维纳斯 55, 98

Virgil 维吉尔 98

visual art 视觉艺术 22—23, 26, 50, 55, 57, 86—87, 91—92, 105, 107

Von Trier, L. L. 冯·提尔 114, 115

Walton, J.M. and Thompson, D. J.M. 沃尔顿和D. 汤普森 66

warfare 战争 111—112

Weisenberger, S. S. 维森伯格 108

West, M. M. 韦斯特 15, 16

Will, E. E. 威尔 32

witch, witchcraft 女巫，巫术 41—42, 46—47, 57—58, 60, 104—105

women, 女性：作为演员的女性 64；对女性的恐惧 47, 68；性别关系 62；好女人/坏女人 67, 79；女性与身份认同 62；女性智力低下 69；女性的智力 74；女性与哀怨 64；男性对女性的理解 66；作为"他者"的女性 61；女性与学术 117；女性的次要地位

63; 作为故事讲述者的女性 37; 女性的暴力 95; 脆弱无力的女性 62, 73, 另可参阅女性主义、性别 Women's Suffrage Movement 妇女选举权运动 114

Zerba, M. M. 泽尔巴 64, 80
Zeus 宙斯 15, 31, 54, 62, 76, 88
Zeus Horkios 宙斯·霍基奥斯 76

附录：古代世界的诸神与英雄译名表
（希腊语—拉丁语—英语—汉语）

A

Ἄβαι Abae Abae　阿拜

Ἀγαμέμνων Agamemnon Agamemnon　阿伽门农

Ἀγησίλαος Agesilaos Agesilaos　阿盖西劳斯

Ἀγλαΐα Aglaea/Aglaia Aglaea　阿格莱亚

Ἄγλαυρος Aglauros Aglauros　阿格劳洛斯

Ἀγχίσης Anchises Anchises　安喀塞斯

Ἅδης Hades Hades　哈得斯

Ἄδωνις Adonis Adonis　阿多尼斯

Ἀθάμας Athamas Athamas　阿塔马斯

Ἀθηνᾶ Minerva Athena　雅典娜 / 密涅瓦

Αἴας Aiax Aias/Ajax　埃阿斯

Αἴγιστος Aegisthus Aegisthus　埃吉斯托斯

Αἴθρα Aithra Aithra　埃特拉

Αἰνείας Aeneas/Aeneus Aeneas　埃涅阿斯

Ἀλφειός Alpheios Alpheios　阿尔费奥斯

Ἄμμων Ammon Ammon/Amun　阿蒙（古埃及太阳神）

Ἀμφιτρίτη Amphitrite Amphitrite 安菲特里忒

Anat 阿娜特（闪米特战争女神）

Anaïtis/Anahita 阿娜提斯/阿娜希塔（波斯－亚美尼亚女神）

Ἀνδρομάχη Andromache Andromache 安德洛玛克

Anu 阿努（赫梯天神）

Ἀπέσας Apesas Apesas 阿佩萨斯

Ἀπόλλων Apollo Apollo 阿波罗

Ἀργειφόντης Argeiphontes Argeiphontes 阿耳癸丰忒斯

Ἄρης Mars Ares 阿瑞斯

Ἀριάδνη Ariadne Ariadne 阿里阿德涅

Ἁρμονία Harmonia Harmonia 哈耳摩尼亚

Ἀρισταῖος Aristaeus Aristaeus 阿里斯泰奥斯

Ἄρτεμις Artemis, Diana Artemis 阿耳忒弥斯/狄安娜

Ἀσκληπιός Aesculapius Asclepius 阿斯克勒庇俄斯

Astarte 阿施塔忒（腓尼基女神）

Ἀστερία Asteria Asteria 阿斯忒里亚

Ἄτλας Atlas Atlas 阿特拉斯

Ἀτρεύς Atreus Atreus 阿特柔斯

Ἀφροδίτη Venus Aphrodite 阿芙洛狄忒/维纳斯

Ἀχιλλεύς Achilleus Achilles 阿喀琉斯

Ἄψυρτος Apsyrtus Apsyrtus 阿普绪耳托斯

B

Βελλεροφῶν Bellerophon Bellerophon　柏勒洛丰

Βοώτης Boutes Boutes　布特斯

Βριάρεως Briareos Briareos　布里阿瑞奥斯

Βρισηΐς Briseis Briseis　布里塞伊斯

Βρισῆος Briseus Briseus　布里修斯

Γ

Γαῖα Gaea Gaia　盖娅

Γανυμήδης Catamitus/Ganymedes Ganymede　伽努墨德斯

Γλαυκός Glaucus Glaukos　格劳科斯

Γῆρας Geras Geras　革剌斯

Γίγαντες Gigantes Gigantes　癸干忒斯

Γύγης Gyges Gyges　巨吉斯

Gula　古拉（美索不达米亚治愈女神）

Δ

Δαίδαλος Daedalus Daedalus　代达罗斯

Δαναός Danaus Danaus　达那奥斯

Δάφνη Daphne Daphne　达芙妮

Δελφύς Delphus Delphus　德尔福斯

Δευκαλίων Deucalion Deucalion　丢卡利翁

Δηίφοβος Deiphobos Deiphobos　得伊福玻斯

Δημήτηρ Demeter Demeter　德墨忒耳

Δημοφόων Demophoon Demophoon　德摩福翁

Δίκη Dike Dike　狄刻

Διοκλῆς Diocles Diokles　狄奥克勒斯

Διομήδης Diomedes Diomedes　狄奥墨德斯

Διόσκουροι Dioscuri Dioscuri　狄奥斯库里

Διώνη Dione Dione　狄奥涅

Δόλων Dolon Dolon　多伦

Dyáus Pitar　道斯·彼塔（印度教天父）

Dumuzi/Tammuz　杜穆兹/塔穆兹（苏美尔的英雄/神）

Δύναμις Dynamis Dynamis　丢纳弥斯

E

Εἰλείθυια Eileithyia Eileithyia　埃勒提雅

Εἰρήνη Eirene Eirene　埃瑞涅

Ἑκάτη Hekate Hekate　赫卡忒

Ἕκτωρ Hector Hector　赫克托耳

Ἕλενος Helenus Helenus　赫勒诺斯

Ἕλλη Helle Helle   赫勒

Enki   恩基（苏美尔欺诈之神）

Ἐνοδία Enodia Enodia   埃诺狄亚

Ἐνυώ Enyo Enyo   厄倪俄

Ἐρεχθεύς Erechtheus Erechtheus   厄瑞克透斯

Ἔρις Eris Eris   厄里斯

Ἐριχθόνιος Erichthonios Erichthonios   厄里克托尼奥斯

Ἑρμῆς Hermes Hermes   赫耳墨斯

Ἑρμιόνη Hermione Hermione   赫耳弥奥涅

Ἔρως Eros,Amor Eros   爱若斯/阿莫耳

Ἕσπερος Hesperos Hesperos   赫斯佩洛斯（昏星）

Ἑστία Hestia/Vesta Hestia   赫斯提亚/维斯塔

Εὐδόρος Eudoros Eudoros   欧多罗斯

Εὔμαιος Eumaeus Eumaeus   欧迈奥斯

Εὔμολπος Eumolpos Eumolpos   欧摩尔波斯

Εὐνομία Eunomia Eunomia   欧诺弥亚

Εὐρυνόμη Eurynome Eurynome   欧律诺墨

Εὐρώπη,Εὐρώπα Europa Europa   欧罗巴

Ευφροσύνη Euphrosyne Euphrosyne   欧佛洛绪涅

Ἐπιμηθεύς Epimetheus Epimetheus   厄庇米修斯

Ἕως Eos Eos   厄俄斯

Εωσφόρος Eosphoros Eosphoros　厄俄斯珀洛斯（晨星）

Z
Ζεύς Zeus Zeus　宙斯

Ζέφυρος Zephyros Zephyros　泽费罗斯

Ζῆθος Zethus Zethus　泽托斯

H
Ἥβη Hebe Hebe　赫柏

Ἥλιος Helios Helios　赫利奥斯

Ἥρα Hera Hera　赫拉

Ἡρακλῆς Herakles Herakles　赫拉克勒斯

Ἥφαιστος Hephaestus Hephaestus　赫菲斯托斯

Θ
Θάλεια Thalia Thalia　塔利亚

Θάνατος Thanatus Thanatos　塔纳托斯

Θέμις Themis Themis　忒弥斯

Θέτις Thetis Thetis　忒提斯

Θησεύς Theseus Theseus　忒修斯

I

Ἰάλεμος Ialemus Ialemus　伊阿勒摩斯

Ἰάσων Jason Jason　伊阿宋

Ἱέρων Hieron Hieron　希伦

Ἵμερος Himeros Himeros　希墨洛斯

Inanna　伊南娜（苏美尔爱神）

Ἰξίων Ixion Ixion　伊克西翁

Ἰοδάμα Iodama Iodama　伊奥达玛

Ἰόλαος Iolaos Iolaos　伊俄拉俄斯

Ἱππόλυτος Hippolytus Hippolytus　希波吕托斯

Ἶρις Iris Iris　伊里斯

Ἶσις Isis Isis　伊西斯

Ishtar　伊诗塔

Ἰφιάνασσα Iphianassa Iphianassa　伊菲阿纳萨

Ἰφιγένεια Iphigeneia Iphigeneia　伊菲革涅亚

Ἰφιμέδη Iphimede Iphimedê　伊菲梅德

Ἰώ Io Io　伊娥

Ἴων Ion Ion　伊翁

K

Κάδμος Kadmos Kadmos　卡德摩斯

Καλλιόπη Calliope Calliope　卡利俄佩

Καλυψώ Calypso Calypso　卡吕普索

Καρνεῖος Carneius Carneius　卡内乌斯

Κασσάνδρα Kassandra Kassandra　卡珊德拉

Κάστωρ Castor Castor　卡斯托耳

Κέρβερος Cerberus Cerberus　刻耳贝洛斯

Κλυταιμνήστρα Klytaimnestra Klytaimnestra　克吕泰涅斯特拉

Κορωνίς Coronis Coronis　科洛尼斯

Κρεσφόντης Kresphontes Kresphontes　克瑞斯丰忒斯

Κρόνος Cronus Cronos　克罗诺斯

Κυβέλη,Κυβήβη Cybele Cybele　库柏勒

Κύκνος Kyknos Kyknos　库克诺斯

Κυρήνη Cyrene Cyrene　昔兰尼

Λ

Λάϊος Laius Laius　拉伊俄斯

Λαομέδων Laomedon Laomedon　拉俄墨冬

Λήδα Leda Leda　勒达

Λητώ Leto/Latona Leto　勒托 / 拉托娜

Λῖνος Linus Linus　利诺斯

Λύκτος Lyktos Lyktos　吕克托斯

M

Μαῖα Maia Maia/Maea　迈娅

Marduk　马耳杜克（巴比伦主神）

Μάρπησσα Marpessa Marpessa　玛耳佩萨

Μαρσύας Marsyas Marsyas　玛耳绪阿斯

Μαχάων Machaon Machaon　玛卡翁

Μεγακλῆς Megakles Megakles　麦伽克勒斯

Μέδουσα Medusa Medusa　美杜莎

Μελάνιππος Melanippos Melanippos　美拉尼波斯

Μελίτη Melite Melite　美利忒

Μελπομένη Melpomene Melpomene　美尔波墨涅

Μετάνειρα Metaneira Metaneira　美塔内拉

Μήδεια Medea Medea　美狄亚

Μηριόνης Meriones Meriones　美里奥涅斯

Μῆτις Metis Metis　墨提斯

Μίλητος Miletus Miletus　米勒托斯

Μίνως Minos Minos　米诺斯

Μνημοσύνη Mnemosyne Mnemosyne　摩涅莫绪涅

Μοῖραι Moirai Moirai　莫依赖 / 命运三女神

Μοῦσα,Μοῦσαι Musa,Musae Muse,Muses　缪斯

Μουσαίος Musaeus Musaeus　缪塞奥斯

N

Nanaya　娜娜雅

Ναυσικᾰ Nausikaa Nausikaa　瑙西卡

Νέμεσις Nemesis Nemesis　涅美西斯

Νηρηῖδες Nereids Nereids　涅瑞伊得斯

Νέστωρ Nestor Nestor　涅斯托尔

Νηλεύς Neleus Neleus　涅琉斯

Νηρεύς Nereus Nereus　涅柔斯

Νιόβη Niobe Niobe　尼俄柏

Νύμφης Nymphs Nymphs　宁芙

O

Ὀδυσσεύς Odysseus,Ulixes,Ulysses Odysseus　奥德修斯 / 尤利克塞斯 / 尤利西斯

Οἴαγρος Oeagrus Oeagrus　奥厄阿革洛斯

Οἰδίπους Oedipus Oedipus　俄狄浦斯

Ὅμηρος Homerus Homer　荷马

Ὀρέστης Orestes Orestes　奥瑞斯忒斯

Ὀρφεύς Orpheus Orpheus　俄耳甫斯

Ὄσιρις Osiris Osiris 奥西里斯

Οὐρανός Ouranos Ouranos 乌拉诺斯

Π

Παιών, Παιάν Paeon, Paean Paeon 派翁

Πάλλας Pallas Pallas 帕拉斯

Πάν Pan Pan 潘

Πάνδαρος Pandarus Pandaros 潘达罗斯

Πάνδροσος Pandrosos Pandrosos 潘德罗索斯

Πανδώρα Pandora Pandora 潘多拉

Παρθένος Parthenos Parthenos 帕特诺斯（克里米亚神祇）

Πάρις Paris Paris 帕里斯

Πάτροκλος Patroclus Patroclus 帕特罗克洛斯

Πειρίθοος Peirithoos Peirithoos 佩里图斯

Πέλευς Peleus Peleus 佩琉斯

Πέλοψ Pelops Pelops 佩罗普斯

Περσεύς Perseus Perseus 佩耳修斯

Περσεφόνη Persephone/Proserpina Persephone 佩耳塞福涅

Πήγασος Pegasus/Pegasos Pegasus 佩伽索斯

Πηνειός Peneius Peneius 佩纽斯

Πηνελόπη Penelope Penelope 佩涅洛佩

243

Πιερίδες Pierides Pierides　庇厄里得斯

Πλούιων Plouton Pluto　普鲁托

Ποδαλείριος Podalirius/Podaleirius Podalirios　波达勒里奥斯

Πολύφημος Polyphemus Polyphemus　波吕斐摩斯

Ποσειδῶν Poseidon/Neptunus Poseidon　波塞冬 / 尼普顿

Πρίαμος Priamos Priam　普里阿摩斯

Προμηθεύς Prometheus Prometheus　普罗米修斯

Πτώιος Ptoios Ptoios　普托伊奥斯

Πυθία Pythia Pythia　皮提亚

Πύθων Python Python　皮同

Ρ

Ῥέα Rhea Rhea　瑞娅

Σ

Σαρπηδών Sarpedon Sarpedon　萨耳佩冬

Σάτυρος Satyrus Satyr　萨蒂尔

Σειρήν Sirens Sirens　塞壬

Σεμέλη Semele Semele　塞墨勒

Σπερχειός Spercheius Spercheius　斯佩耳凯奥斯

Στερόπη Sterope Sterope　斯忒洛佩

Σφίγξ sphinx sphinx　　斯芬克斯

T

Τάρταρος Tartarus Tartarus　　塔耳塔罗斯

Τειρεσίας Teiresias Teiresias　　忒瑞西阿斯

Τεῦκρος Teukros Teukros　　透克洛斯

Τηλέμαχος Telemachos Telemachos　　忒勒玛霍斯

Τήλεφος Telephus Telephos　　忒勒福斯

Τηθύς Tethys Tethys　　泰堤斯

Tiamat　　提亚玛特（巴比伦混沌母神）

Τιθωνός Tithonus Tithonus　　提托诺斯

Τιτᾶνες Titans Titans　　提坦

Τιτυός Tityos Tityos　　提图奥斯

Τρίτων Triton Triton　　特里同

Τρώς Tros Tros　　特洛斯

Τυδεύς Tydeus Tydeus　　提丢斯

Turan　　图兰（伊特鲁里亚爱神）

Τυνδάρεος Tyndareus Tyndareus　　廷达瑞俄斯

Τυρώ Tyro Tyro　　提洛

Τυφῶν Typhon Typhon　　提丰

Y

Ὑάκινθος Hyacinthus Hyacinthus　许阿辛托斯

Ὕδρα Hydra Hydra　许德拉

Ὕλας Hylas Hylas　许拉斯

Ὑμέναιος Hymenaeus/Hymenaios Hymenaeus/Hymen　许墨奈奥斯 / 许门

Ὑπερίων Hyperion Hyperion　许佩里翁

Ushas　乌莎斯（吠陀黎明女神）

Φ

Φαέθων Phaeton Phaeton　法厄同

Φαίδρα Phaedra Phaedra　菲德拉

Φήμιος Phemius Phemius　费弥奥斯

Φιλάμμων Philammon Philammon　菲拉蒙

Φιλήμων Philemon/Philemo Philemon　菲勒蒙

Φινεύς Phineus Phineus　菲内乌斯

Φοίβη Phoibe Phoibe　福柏

X

Χάος Chaos Chaos　卡俄斯

Χάρις Charis Charis　卡里斯

Χάριτες Charites Graces　卡里忒斯 / 美惠三女神

Χείρων Chiron/Cheiron Chiron　喀戎

Χρυσάωρ Chrysaor Chrysaor　克律萨奥耳

Ω

Ωκεανός Oceanos Oceans　奥刻阿诺斯

Ὧραι Horae Horae　荷莱 / 时序三女神

Ὠρίων Orion Orion　奥里翁

（张鑫、玛赫更里　编）

跋"古代世界的诸神与英雄"

"古代世界的诸神与英雄"主编苏珊（Susan Deacy）教授，欣然为中文版专文序介丛书缘起，她撰写的"前言"始于这样一个问题："什么是神？"说的是公元前6世纪古希腊抒情诗人西摩尼德斯（Simonides of Ceos）如何受命回答这个问题。故事源自西塞罗《论神性》（*De Natura Deorum*, 1.22）：对话中，学园派科塔（Gaius Cotta）愤而驳斥伊壁鸠鲁派维莱乌斯（Gaius Velleius）"愚蠢的"神性论说，认为就"神的存在或本质（quid aut quale sit deus）"而言，他首推西摩尼德斯；而向诗人提出"什么是神"的人，正是叙拉古僭主希耶罗（tyrannus Hiero）；就此提问，诗人再三拖延，终于以"思考越久事情就越模糊"不了了之；按科塔的说法，"博学和有智慧（doctus sapiensque）"的诗人，对回答僭主的问题感到"绝望（desperasse）"。

启蒙哲人莱辛（Lessing）称抒情诗人西摩尼德斯为"希腊的伏尔泰（griechischer Voltaire）"，想必因为"西摩尼德斯与希耶罗"的关系有似于"伏尔泰与腓特烈大帝"。1736年，伏尔泰与尚为王储的腓特烈首次书信往还；当年8月8日，腓特烈致信伏尔泰，说他正在将沃尔夫（Chr. Wolff）的文章《对上帝、世界和人类灵魂及万物的理性思考》（"Vernünftige Gedanken von Gott, der Welt und der Seele des Menschen, und allen Dingen überhaupt"）译成法语，一俟完成就立刻寄给伏尔泰阅正。如此，直至1777—1778年间最后一次书信往还，上帝或神学政治问题，一直是两者探讨的重要主题。

尤为值得一提的是，1739年王储腓特烈写成《反马基雅维利》（*Der Antimachiavell*），伏尔泰超常规全面修订，让这本书的作者成为"公开的秘密"，其核心主题之一也是"神学政治论"。譬如，"第六章：君主建国靠的是他的勇气和武器"中，腓特烈或伏尔泰认为，马基雅维利将摩西（Moses）擢升到罗慕路斯（Romulus）、居鲁士（Cyrus）和忒修斯（Theseus）等君主之列，极不明智；因为，如果摩西没有上帝的默示，他就和悲剧诗人的"机械降神"没有两样；如果摩西真有上帝的默示，他无非只是神圣的绝对权力的盲目的奴仆。如果所有神学政治问题都可以还原到"什么是神"，既然从古代城邦僭主到近代开明专制君主都关注这个问题，"什么是神"的问题必定攸关其僭政或专制主权。

中华儒学正宗扬雄《法言·问神》开篇"或问'神'。曰：'心'"。用今人的话说，就是"有人问'什么是神？'答曰：神就是'心'"。中国先哲就"什么是神"设问作答毫不含糊隐晦,与古希腊诗人西摩尼德斯"绝望"差别大矣哉!扬雄有见于"诸子各以其知舛驰,大氐诋訾圣人,即为怪迂","故人时有问雄者,常用法应之,撰以为十三卷,象《论语》,号曰《法言》。"(《汉书·扬雄传》)正因孔子"无隐尔乎"(《论语·述而》),扬雄效法圣人自然直言不讳:"潜天而天,潜地而地。天地,神明而不测者也。心之潜也,犹将测之,况于人乎?况于事伦乎?"就"问神"卷大旨,班固著目最为切要:"神心忽恍,经纬万方,事系诸道德仁谊礼。"(《汉书·扬雄传》)可见,中国先哲认为,"神"就是可以潜测天地人伦的"心",这既不同于古希腊诸神,更不同于犹太基督教的上帝。

以现代学术眼光观之,无论《荷马史诗》还是《旧约全书》,西方文明的源始文献就是史诗或叙事,其要害就是"神话(mythos)"。虽然在《牛津古典词典》这样的西方古典学术巨著中竟然找不到"神话"词条(刘小枫《古希腊"神话"词条》),作为叙事的"神话"终究是西方文明正宗。西北大学出版社鼎力支持编译"古代世界的诸神与英雄"丛书,正是着眼全球文明互鉴,开拓古代神话研究的重要举措。

黄瑞成

癸卯春末于渝州九译馆

谷雨改定

著作权合同登记号：陕版出图字 25-2024-193

图书在版编目（CIP）数据

美狄亚 / [英] 艾玛·格里菲斯著；张云鹤译. --

西安：西北大学出版社，2024.9. -- （古代世界的诸

神与英雄 / 黄瑞成主编）. -- ISBN 978-7-5604-5457-3

Ⅰ. B933

中国国家版本馆 CIP 数据核字第 20241KH883 号

Medea，1 edition By Emma Griffiths/9780415300704

Copyright © 2006 Emma Griffiths

Authorized translation from English language edition published by Routledge, an imprint of Taylor & Francis Group LLC All Rights Reserved.

本书原版由 Taylor & Francis 出版集团旗下 Routledge 出版公司出版，并经其授权翻译出版。版权所有，侵权必究。

NORTHWEST UNIVERSITY PRESS Co.,Ltd. is authorized to publish and distribute exclusively the Chinese (Simplified Characters) language edition. This edition is authorized for sale throughout Mainland of China. No part of the publication may be reproduced or distributed by any means, or stored in a database or retrieval system, without the prior written permission of the publisher.

本书中文简体翻译版授权由西北大学出版社有限责任公司独家出版并仅限在中国大陆地区销售。未经出版者书面许可，不得以任何方式复制或发行本书的任何部分。

Copies of this book sold without a Taylor & Francis sticker on the cover are unauthorized and illegal.

本书封面贴有 Taylor & Francis 公司防伪标签，无标签者不得销售。

美狄亚

[英] 艾玛·格里菲斯 著　张云鹤 译

出版发行：西北大学出版社

（西北大学校内　邮编：710069　电话：029-88302621　88303593）

经	销：全国新华书店
印	装：西安奇良海德印刷有限公司
开	本：787mm×1092mm　1/32
印	张：8.75
字	数：160 千字
版	次：2024 年 9 月第 1 版
印	次：2024 年 9 月第 1 次印刷
书	号：ISBN 978-7-5604-5457-3
定	价：58.00 元

本版图书如有印装质量问题，请拨打电话 029-88302966 予以调换。